JN027931

BACK STAGE
PASS

STAFF BLOG
2011-2021

PASS AREA GUIDE
MOVIE/TV/TAKETELE/OTHER
TAKERU SATOH

この本は2011年から2021年の10年にわたり佐藤健の
歴代マネージャーが記録し続けた「スタッフブログ」を1冊にまとめたものです。

Date: **07/01/2011**

Subject: **"佐藤健オフィシャルサイト始めます!!"**

皆さんこんにちは。
お待たせしました!!
遂にスタッフレポート始動!

佐藤健の近況をどんどんレポートしていきますので
楽しみにしていてくださいね☆

先日大発表しました2012年公開予定の映画
『るろうに剣心』にて、健が主演を務めさせて頂く事になりました!!

健本人も原作の大ファンで、主演が決まった時は
非常に喜んでおりました。

原作もとても人気がある作品です。そのファンの皆さんの期待を
裏切らないよう、只今絶賛準備中です。

健はハードな殺陣(たて)の練習に日々励んでおり、毎日、色んな所が筋肉痛｡｡｡
そして傷だらけ｡｡｡
痣だらけ｡｡｡ それでも惜しげもなく稽古に通う姿は頼もしい。

そんな健はといいますと｡｡｡

TAKERU SATOH

「ぼくは今殺陣の練習をしています。ハードルがものすごく高いことは
わかっています。しかし、皆さんに認めていただけるような
実写映画がこのチームならつくれるんじゃないかと思っています。
今までこの作品製作に携わってきた全ての方々、
そして原作のファンの方の想いを胸に、
心して挑みます。もしよろしければ、
応援のほどよろしくお願い致します」
と、決意を固めたのでした。

練習の成果をお見せ出来る日まで、しばしお待ちくださいね☆

まずは、衣装合わせが行われる前の健。
どんな衣装が用意されているのか？　期待に胸を膨らませる健を激写！

皆さん、劇場公開まではちょっと先ですが、
撮影風景など沢山紹介していきますのでお楽しみに☆

Date: **07/05/2011**

Subject: タケフェスリハーサル

皆さんこんにちは。

最近の健は。。。といいますと、とある所で過酷な撮影をしており、
一段落した所です。

そして、今日は、8月8日、9日にNHKホールで行われます
『TAKERU FESTIVAL ～歌うたいのバースデイ～』の
リハーサルをしている健の様子をキャッチしました。
ちょっと先のお話ですが、既に準備を開始しております。

健のイベントに対する気合いが感じられますね。

健がとても楽しみにしているこのイベント、熱が入ります。

スタッフと打ち合わせに打ち合わせを重ね、絶賛練習中の健。

皆さん、楽しみに待っていてくださいね。

健も皆さんにお会い出来る事をまだかまだかと
首を長くして楽しみに待っております。

では皆さん当日、会場でお会いしましょう!

TAKERU SATOH

2011

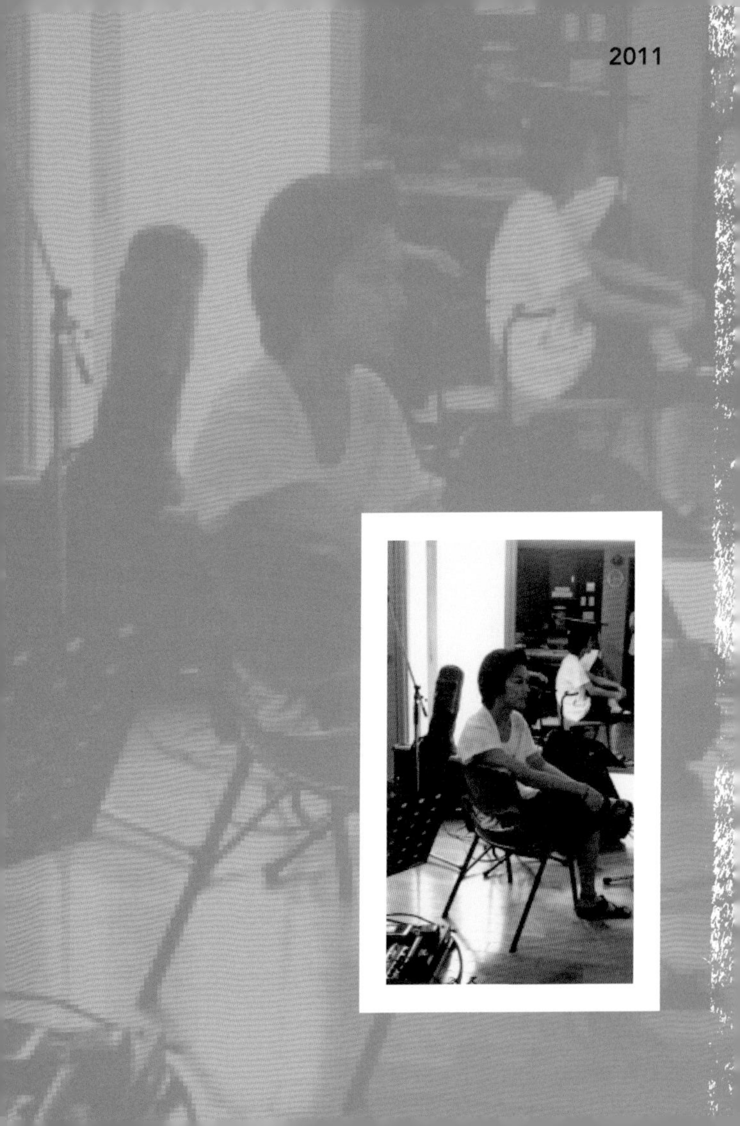

Date: **07/10/2011**

Subject: 『TAKERU TV 』

皆さんこんにちは。

本日放送しました『TAKERU TV』いかがでしたか？

沢山の方々にご参加頂き、大盛況のもと

1回目の放送を終える事が出来ました。

本当にありがとうございました!!

久しぶりの『TAKERU TV』を

健本人も非常に楽しんでいました!

皆さんから頂いた、"リクエスト"や、

"ちょいハピニュース"は健本人が

ちゃんと選んでいたんですよ。

今日は、『TAKERU TV』

終了直後の健をキャッチ★

2011

Date: **07/12/2011**

Subject: 「猛暑｡｡｡」

皆さんこんにちは。

本当に暑い日が続きますが、
夏バテなどしていないですか?

健はといいますと、"CM撮影"やら
"殺陣の練習"やら、"雑誌の取材"やらを
こなしながら毎日を過ごしています。

健はこの暑さに少しやられているようですが、
元気にしています。

今日は、『TAKERU TV』
終了直後の健をお届けします。
やりきった満足げな表情の健でした。

PASS AREA GUIDE

MOVIE | TV | TAKETELE | OTHER | INTERVIEW

Date: **07/15/2011**

Subject: **健は日々続く暑さの中殺陣の稽古に励み中!**

皆さんもご存知、映画『るろうに剣心』に向けてです。

健の稽古に打ち込む姿から気合いが感じられますね。稽古を重ね、
日に日に佐藤健から緋村剣心へと変わっているような。。。

激しいアクションを行う為、入念にストレッチ。

そんな様子をおさえた1枚☆

健は体が非常にやわらかいんです（笑）

TAKERU SATOH

Date: **07/25/2011**

Subject: 夏といえば。。。

皆さんこんにちは。

7月も残すところ後少し!!
夏本番を目の前に、健はとある雑誌の取材へと出かけました。

インタビュー内容は、、、掲載誌をお楽しみに☆

と言いたいところですが。。。

どんな女性がタイプ？　とライターさんが質問!

んー気になるりますねぇ

健は、
「みーんな好き」!!
となんとも曖昧な答えをしていました（笑）

終始照れ笑いや、困り顔を見せる健。
健にとって難しい質問が多かったようです。

TAKERU SATOH

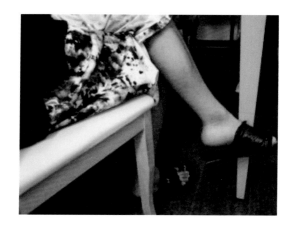

今回はインタビュー中の健の足元を1枚！
やっぱり夏はこうでなくちゃ（笑）

Date: **07/27/2011**

Subject: タケフェス。

世間はそろそろ夏休みですか?

夏休みのイベントといえば、『タケフェス』。

だんだん近づいてきましたが、皆さん準備はよろしいですか?

健も皆さんに大いに楽しんでもらおうと、色々準備しています。

今回の1枚は、、、「居眠り中?」

ではありません (笑)

イベント台本を見ながら、スタッフと打ち合わせ中!
その姿は真剣そのもの。

健も皆さんにお会い出来るのを本当に楽しみにしています☆

是非『タケフェス』でお会いしましょう!

Date: **08/03/2011**

Subject: ミ〜ンミンミ〜ン☆

8月に入り、"ミ〜ンミンミ〜ン"と聞こえ始めたそんな頃、
健は絶賛『るろうに剣心』撮影中！！

この暑さの中で激しい殺陣や、演技をする健。
思いの強さを感じますねぇ。

今回の作品は本当に凄い！！
皆さんの元へ届く日を楽しみに、健も毎日頑張っています。

そんな今日の1枚は足元シリーズ第2弾！！

タビを履く健の足元です。
いやぁ タビを履いても、ファッショナブル！？

2011

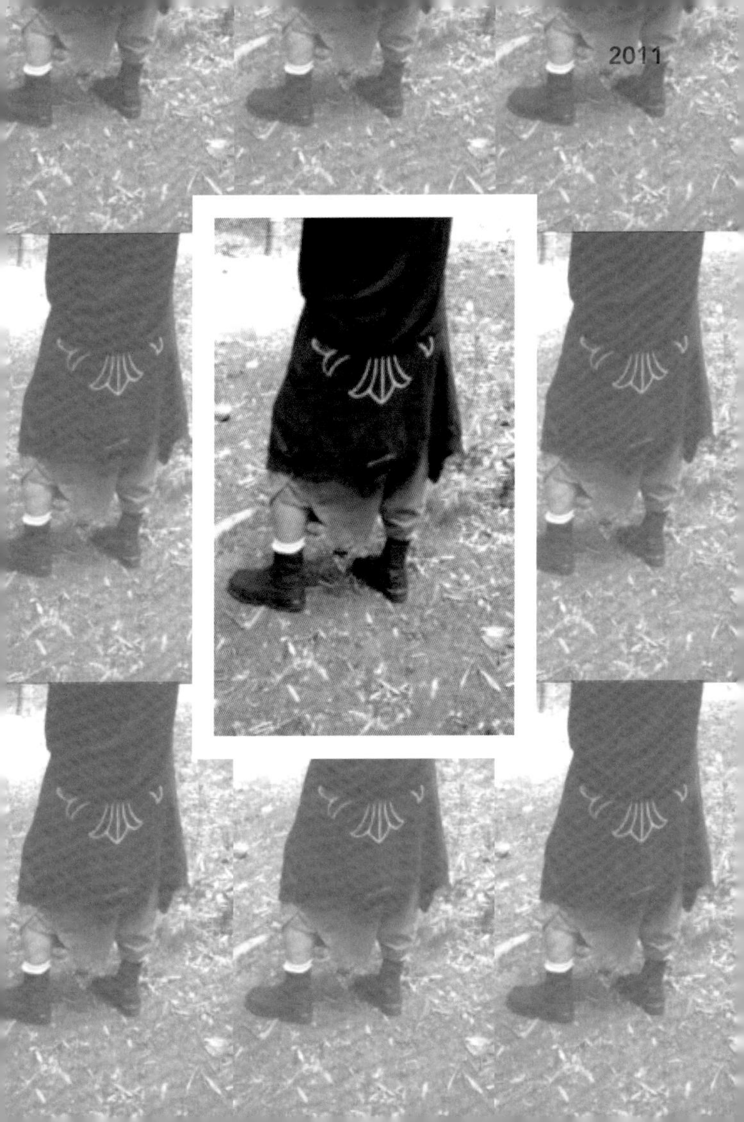

Date: **08/07/2011**

Subject: あしたは　いよいよ

皆さんこんにちは。

明日はいよいよ『タケフェス』です。

健は皆さんにお会い出来るのをとても楽しみにしています☆
そして、初のNHKホールに緊張しつつ
リハーサルに励んでいたのでした。

でも、緊張も皆さんの顔を見たらきっと吹っ飛びますね（笑）
今日の1枚は、念入りにリハーサルをする健の様子。

明日ご来場下さる方は、くれぐれもお気を付けていらして下さいね☆

TAKERU SATOH

Date: **08/08/2011**

Subject: **1日目**

1日目、『タケフェス』無事終了しました!!

ご来場頂きました皆さま、本当にありがとうございました!

初のNHKホールでしたが、温かい応援に助けられ、
より一層の頑張りを見せる事が出来た健でした。

会場では、2階ロビー奥にて健の撮影した写真を展示した
『TAKERU Life with LUMIX』も開催しております。

開場中終演後30分はご覧になれますので、是非チェックしてください。

健は勿論、スタッフ一同皆さんにお会い出来るのを
楽しみに待っております。

当日券の販売もしておりますので、お時間ございましたら
ぜひ遊びに来てください☆

では、明日会場にてお待ちしております☆

TAKERU SATOH

Date: **08/10/2011**

Subject: **感謝、感謝**

皆さんこんにちは。

本日『タケフェス』
大盛況のもと、無事終了する事が出来ました!

ご来場頂きました皆様、本当にありがとうございました!

皆様の温かい応援と笑顔に、
健も本当に感謝しており、明日からの元気を沢山もらったようです!

これからも、スタッフ一同頑張ってまいりますので、
今後とも"佐藤健"を宜しくお願いします☆

TAKERU SATOH

PASS AREA GUIDE

MOVIE

TV

TAKETELE

OTHER

INTERVIEW

Date: **08/13/2011**

Subject: 天井！？

皆さんこんにちは。

この頃は、街に出ると浴衣姿の方がいますね。
夏祭りでしょう♪

夏はお祭だけでなく素敵な食がありますね。
スイカやかき氷、そうめんやBBQ！！
そして！！

天丼？！？

特に夏に縁がないような天丼ですが……

『るろうに剣心』の撮影が続く健は、体力をつけようと
暑い夏に熱い天丼を頬張っておりました。

そんな健が美味しそうに食べていたのがこちら！！

天丼の美味しさにご満悦の様子でお店を後にした健でした（笑）

TAKERU SATOH

Date: **08/19/2011**

Subject: **エネルギー充電中。**

皆さんこんにちは。

38度の猛暑と思えば、豪雨に見舞われじめじめ。

そんなじめじめを吹っ飛ばしてもらいましょう!

という事で、健のいつもの移動スタイルをお届けします!

一番しっくりくるのでしょうか?

見ていて息苦しく感じるのは気のせいですよね。。。

移動中も上手く?　休みエネルギーを蓄える健でした。

皆さんも真似しましょう (笑)

TAKERU SATOH

Date: **08/24/2011**

Subject: the 男子会

皆さんこんにちは。

撮影の為、健は『るろうに剣心』の殺陣稽古！！

毎日の気温に伴い、現場の熱も日に日に上がっています。

より良い作品にする為、 時間が空けばすぐ監督とおしゃべり♪
楽しそうに話す2人をパシャリ♪

現場で見ている限り、かなりの迫力！

格好良い作品になる事間違いなし☆

TAKERU SATOH

Date: **08/28/2011**

Subject: ## 麻婆豆腐な気分!?

皆さんこんにちは。

突然ですが!!
皆さんは急に思い出したかの様に何かを
無性に食べたくなる時はありませんか?!!

健はその衝動に駆られました。
「まーぼー豆腐が食べたい!!」
ハードさが増す撮影終わりに健が発した言葉です。

そして、麻婆豆腐を思う存分食べ、
また撮影に向けてのエネルギーを蓄えた健。

食事の締め括りは
今日の1枚!!

こうやって暑い毎日を乗り切りながら撮影も頑張っています。

TAKERU SATOH

Date: **08/30/2011**

Subject: **"タケタク NIGHT"**

皆さんこんにちは。

昨夜の『TAKERU TV』皆さんいかがでしたか?

今回はGuestに植原卓也さんをお招きして、
より素の雰囲気を醸し出していた健ですが、
楽しんで頂けましたでしょうか?

ご覧頂いた皆さんありがとうございます☆

二人は本当に仲がよく、
その結果、時折二人の世界に入り、「???」な時間もありましたが……(笑)
番組を存分に楽しんでいました。

次回もどんどん皆さんと
コミュニケイトしながら
楽しんでもらえる企画を考えていきたいと思います!

それでは今日の一枚は、『TAKERU TV』終了直後の
"健と卓也"のツーショット!!

次回の『TAKERU TV』もお楽しみに☆

TAKERU SATOH

Date: **09/02/2011**

Subject: 自分との戦い!!

皆さんこんにちは。

9月に入り、秋が顔を出しはじめた頃、
健は絶賛『るろうに剣心』の撮影中。

以前からも何度か言いましたが、
今作のアクションは本当にすごいものとなっております。
健も納得がいくまで、何度も何度も繰り返しアクションを練習。

今日は健の集中している姿を1枚。

自分の見え方をしっかり確認し、研究している健でした。

Date: **09/11/2011**

Subject: 『HT』

皆さんこんにちは。

DVDの発売が決定しました。
『HT〜赤道の真下で、鍋をつつく〜』

色々思い出しながら当時の写真やら、
何やらを見ている健。

大変ではありましたが、沢山の事を経験し、
感じる事が出来た今回の旅は健にとって
かけがえのない物になったのでした。

発売まで皆さんに宣伝、宣伝 (笑)

TAKERU SATOH

Date: **09/24/2011**

Subject: 皆さんこんにちは。

『TAKERU TV vol.4』
いかがでしたでしょうか？
今回の健のお相手は
謎多き人でしたねぇ～
……イヅツさん！！
健とイヅツさんの
ゆる～い掛け合いが
癖になる！？

そして……
健はイヅツさんの正体を暴けるのか？！

毎回手を変え、品を変え
皆さんの笑顔に繋がるものになるよう
今後も頑張って行きますよ～！！

TAKERU SATOH

Date: **09/25/2011**

Subject: ピンポーン♪

皆さんこんにちは。

健が先日東京の街を歩いていると
「もう秋だね。秋の香りがする」と風流なことをつぶやいていました。

そんな健は今日も『るろうに剣心』の撮影。

撮影現場の一室に卓球フロアがあり、それを見た健が大興奮!!

当然やりますか?
やりますよね?
はい。
やりました!　卓球。

キャストの方々とバトル!
少し本気でやってる健。
そんな卓球少年たけるんを1枚!!

ん〜。
楽しそうですね〜。

TAKERU SATOH

Date: **09/29/2011**

Subject: **語りちゅう♪**

皆さんこんにちは。

季節は秋へと変わり、すっかり涼しくなって来ましたね。
健の私服も秋シーズンに入りましたよ♪

そんな健は取材のお仕事！
話題は最近の健について♪　最近の健と言えば
皆さんもご存知の通り
"Alwaysるろうに剣心"

自然と話題は映画の話に！　するといつもはゆる～い
健ですが
映画への思いを語ってくれました。

皆さんへの思い
映画への思い
今日はマジタケ！
そんな健をパシャリ！

『るろうに剣心』乞うご期待！

2011

Date: **10/10/2011**

Subject: 健 in 島根

『島根県立大学"海遊祭"』にお越し頂いた皆様、ありがとうございました!

今日は素晴らしい秋晴れの、学園祭日和でした〜。

島根県立大学の皆さんは本当にパワフルでとても盛り上がりました♪
健も皆さんのパワーに後押しされて、テンションも高め!!

特にゲームの時の盛り上がりはすごかったですね〜!
とにかく島根は元気!!

今回はゲームなど、楽しい内容だけでなく、健を好きな人にも、
知らなかった人にも、女の子にも男の子にも、
健を知っていただける内容となっています☆

まだまだ学園祭続きます。次は駒沢女子大学&
駒沢女子短期大学の『りんどう祭』!!

楽しみに待っていてくださいね〜♪♪

TAKERU SATOH

今日の1枚は学生さん達と記念撮影♪

いや～若いって素晴らしい！（笑）

Date: **10/24/2011**

Subject: 学生達の想い。

皆さんこんにちは。

本日は、駒沢女子大学＆駒沢女子短期大学の「りんどう祭」に
健がおじゃましてきました★

今回は女子大ということもあり、女の子パワーがすごかったですね〜♪

さらに会場が1500人も入る大きな会場で、
健も皆さんの熱気に圧倒されていたんじゃないでしょうか？☆

また、遠方から来てくれている方々も多くて、健もびっくり！

本当に感謝ですね〜♪

今回特に印象的だったのは、
「手作りの質問box」！！

健も喜んでましたね〜♪

TAKERU SATOH

学生さん達の学園祭に懸ける想いの強さを感じますね！
その想いにもっともっと答えていかなくては！　と
健を始めスタッフ一同感じました。

今日はそんな駒沢女子大学＆駒沢女子短期大学の学園祭実行委員会
の皆さんとの記念写真＆手作りの質問boxの写真をup♪

やっぱり学園祭は素敵ですね♪

次は関西！！

最近映画『るろうに剣心』の撮影で健にとって
縁深い場所へとなっている関西に、感謝を込めて。

let's go☆

Date: **10/25/2011**

Subject: **新企画のダブルパンチ☆★**

皆さんこんにちは。

『TAKERU TV vol.5』見てくださいましたか？
見て下さった皆さんありがとうございました！　いかがでしたか？

今日の健は楽しんでましたね〜♪
"ちょいパピ"も定着して来ましたね☆

健も皆さんのご意見に共感したり、楽しませてもらったり♪

"パピ"を共感するのは素敵なコトだと再認識しました♪

そして！
なんと言っても今日の話題は……

新企画「ギネス」＆「生電話」ですよね!!

まずはギネスの企画！
まばたきって……笑
あんなに生放送で爆笑している健も珍しい♪

TAKERU SATOH

そして〜☆
生電話!!!!!!
皆さんびっくりしました?
これはサプライズでしたね♪
この企画は、『TAKERU TV』にご協力してくださっている
皆さんにサプライズな企画として誕生しました。
サプライズ好き!? な健もとても楽しんでいましたね。
普段応援してくださっている皆さんと、健が直接会話ができる機会は
とても少ないので、これを機に沢山のコミュニケイトしていきますよ〜!!

次回はもっともっと楽しんで頂けるように頑張ります!!

そんな今日の締めくくりは「イイね!」♪な健で〜す☆

Date: **10/29/2011**

Subject: いざ関西へ!! ☆

皆さんこんにちは。

健の学園祭ツアーも残すところあと1校♪
学園祭後半は関西で〜す☆

今日は『京都華頂大学・華頂短期大学』の"華頂祭"にお邪魔しました♪

健は本番前に、学園祭の模擬店で焼きそばをぺろり☆

今日の学園祭も本当に関西パワーを感じましたね♪

"質問コーナー"では、恋に悩むMEN'Sの相談に、
健先生恋愛講座が始まったり、"以心伝心"という
ゲームコーナーではとてもキュートな女の子とトトロのワードで
以心伝心したりと、今回もとても素敵な学園祭でした☆

そしてそして!! 最後に学園祭実行委員会から花束とアルバムを
プレゼントして頂きました♪ 健もびっくり喜び☆★

TAKERU SATOH

今日の1枚は元気いっぱいの実行委員の皆さんとの集合写真などなど♪♪

明日は学園祭lastを飾る奈良県立医科大学!!
どんな素晴らしい1日になるのか、今から楽しみです☆
奈良の皆さん待っていてくださいね♪

Date: **10/31/2011**

Subject: **締めくくりは奈良!!**

皆さんこんにちは。

健の10月からスタートした学園祭ツアーも本日が最終日!!
lastは『奈良県立医科大学』の"白橿生祭"にお邪魔しました☆

今日はあいにくのお天気でしたが、雨の中多くの方にお越し頂きました♪

"質問コーナー"では健のお酒で失敗してしまった時の話題になり、
普段想像できない"グダグダな健"に会場もびっくり。
また、"以心伝心コーナー"では何と百発百中で健と会場の皆さんが
以心伝心してました♪
これにはスタッフもびっくり☆笑

佐藤健学園祭ツアー、全部で4校おじゃまさせて頂きましたが、
学園祭に来てくれた学生さんも一般の方も、
皆さん、本当にパワフルで健も元気をもらったはずです。

各校学園祭実行委員会の皆さん、健をお招き頂き、
本当にありがとうございます☆

TAKERU SATOH

学生さん達のイベントに対する思いの強さに、
きっと健も刺激を受けたでしょう♪♪

今日の写真は実行委員会の皆さんとぱしゃり♪

本当に楽しく素敵な学園祭ツアーでした☆
学生の皆さんありがとうございました☆★

Date: **11/14/2011**

Subject: **"佐藤健×三浦春馬 HT" 発売記念 SP イベント !!**

皆さんこんにちは。

健と春馬の大冒険企画第2弾!! 『HT 〜赤道の真下で鍋をつつく〜』遂に先日発売しました〜☆

発売日の11月11日。

この日を今か今かと待っていてくださった皆様には、嬉しい"スペシャルイベント"が盛大に行われました。そう!!!

"ハイタッチ会"

『SHIBYA TSHUTAYA』にて 2000人以上の方が集まってくださいました☆　ありがとうございました!　イェーイ♪　と元気に勢いよくハイタッチしてくれる皆様のおかげで、発売日が本当に盛り上がりましたね。

ハイタッチ会まだまだ続きます!!　ボルネオの大冒険に負けないくらい盛り上がって行きましょう☆

本日の一枚はハイタッチ!!な健です〜。

皆さんも健とハイタッチしに是非来てくださいね♪♪

TAKERU SATOH

Date: **11/17/2011**

Subject: **Wow!! 京都でびっくり鍋☆**

皆さんこんにちは。

冬になり、めっきり寒くなったと思ええば、
夏日の様に暑くなったりと、体調管理が難しい季節ですね♪

そんな時はやっぱり「食」が大切!!
健も『るろうに剣心』の撮影の為、京都で色々食べ歩いていますが、
そんな中先日驚きの料理に出会いました。

その写真がこちら!!

正に男の料理!! ってかんじですね〜☆
このお鍋、とても美味しかったです。

皆さんも体調管理が難しい季節ですが、
お鍋で心も体も暖まってくださいね♪

TAKERU SATOH

PASS AREA GUIDE | MOVIE | TV | TAKETELE | OTHER | INTERVIEW |

Date: **11/20/2011**

Subject: ハイタッチ会 with "TOWER RECORDS"

皆さんこんにちは。

本日は渋谷 "TOWER RECORDS" さんにて
『HT〜赤道の真下で、鍋をつつく〜』発売記念
スペシャルイベントのハイタッチ会第2回を開催しました♪

お足元が悪い中、2000人もを超える本当に多くの方々に
来て頂きまして、健を始めスタッフ一同心から感謝しております。

本当にありがとうございます。

さてさて♪
渋谷 "TOWER RECORDS" さんの
地下にあります、
LIVEイベントフロアを貸し切っての
今回のハイタッチ会も、
前回同様ものすごーく
盛り上がりましたね☆

女性だけでなく、男性の方にも、
また子供の方から大人の方まで
幅広く参加して頂き、
本当にうれしい限りです。

TAKERU SATOH

HTを見て頂きたい気持ちも
もちろんのこと、普段役者として
活動してる健にとって、
ファンの方々とこうして触れ合う機会は本当に貴重です。

特に今日印象的だったのが「"剣心"お疲れ様!!」のお声を
沢山の皆さんに頂けたことですね♪
皆さん本当につぶやきをよくチェックしてくれていて、
スタッフはちょいハピでした♪笑

そんな今日の写真は
"TOWER RECORDS"さんのステージで春馬とばしゃり☆
そして写真にサインを書く二人!
そんな二人のポラロイド写真はTOWER RECORDSさんに
飾って頂けるとのことです♪

いや～感謝な1日でした。

明日はハイタッチ会最終回with大阪!!
西にもHT旋風を巻き起こしてきます!!☆

Date: **11/20/2011**

Subject: "感謝のハイタッチ会"

皆さんこんにちは。

『HT ～赤道の真下で鍋をつつく～』発売記念
スペシャルイベント"ハイタッチ会"‼

遂に最終回を迎えました。会場はとても素敵な野外ステージがある
「阪急西宮ガーデンズ」でやらせて頂きました。

今日は何と2600人もの方々に足を運んで頂きました。
雨続きだったハイタッチ会も、最終日は晴天☆

関西にもHTの旋風を‼　と気合い満々‼
関西のお客様も関東に負けないくらいパワフルでした。
全公演を含め、総勢約6600人もの方々にお越し頂きました。
改めてハイタッチ会にお越しくださいました皆様に感謝致します。

本当にありがとうございました。

TAKERU SATOH

また、今日はHMVの方々の協力の下、こうして
無事大盛況に終えることができました。
本当にありがとうございます。
そんな今日の写真はHMVのポラロイドにサインをする健と、
そのポラロイド。
また、最後「お疲れ様〜」な健&春馬の写真になります。

会場にお越し頂きました皆様、HTをご購入頂きました皆様、
本当にありがとうございました。

これからも健&春馬の応援よろしくお願い致します。

Date: **12/16/2011**

Subject: **剣心動く!!**

皆さんこんにちは。

映画『るろうに剣心』最新情報です!!

夏の公開に向けて、皆さんに少しずつその片鱗を見せ始めている、
映画『るろうに剣心』!!

12月16日☆
公開前に劇場のスクリーンで剣心に会える!?
そうです、『超特報』として12／16（金）から全国の劇場で
順次上映することが決定致しました。

公開前に少しではありますが、スクリーンで大迫力の
"健剣心"をご覧ください。

本日は剣心の写真を1枚♪　集中してますね〜☆

2011

Date: **12/20/2011**

Subject: ☆今年のラストスパート☆

皆さんこんにちは。

最近の健と言えば『ハンサム LIVE2011』の稽古に没頭する毎日です。

毎年やっていることだからという気持ちを全く感じさせない"ハンサム"達。

今年1年も変わらず応援して下さった皆様へ感謝の気持ちを伝えようと、
そして来年も宜しくお願いします！　という気持ちで日々頑張っています。

12月26日、27日、28日とパシフィコ横浜で会いましょう♪
健の全身全霊の姿を楽しみにしていてくださいね。

今日は休憩中の1枚♪
さぁ～年末がやってきますよ!!

Date: **12/29/2011**

Subject: ハンサム LIVE

皆さんこんにちは。

『SUPER ハンサム LIVE2011』にお越し頂きました皆様、
ライブビューイングを観に劇場に足を運んでくださった皆さま、
本当にありがとうございました。
そして、今回ご覧頂けなかった皆さまも、いつも健を応援してくださいまし
て本当にありがとうございます。

健も皆さまの温かい声援や、笑顔で、元気をいっぱい頂きました。
本当に感謝の気持ちでいっぱいです。

今年の健は色々な挑戦をしてきました。

来年8月25日公開の映画『るろうに剣心』では初主演、
初の本格的アクションへの挑戦をしたり、5月に初舞台、初主演を
務めます『ロミオ&ジュリエット』のため、イギリスでのワークショップへ
参加したりと、健にとってとても充実した1年となりました。

本当に1年間支えて下さりありがとうございました♪
そして、来年も新しい健をお見せ出来るよう、精一杯頑張っていきたいと
思っておりますので、応援して下さると嬉しいです。

来年も宜しくお願いします☆

TAKERU SATOH

Date: **01/07/2012**

Subject: 謹賀新年☆

皆さん

明けまして おめでとうございます。

2012年は初舞台『R&J』や映画『るろうに剣心』の公開と、
飛躍の年となりそうな健。

皆さんの元へ感動や幸せ、ステキなエンターテインメントを
沢山お届けできるよう健は勿論、スタッフ一同も
精一杯頑張っていきたいと思います。

今年も何卒よろしくお願い致します。

年始、健はさっそくお仕事♪
新年1つ目のお仕事で気合い十分☆

今日の写真は"今年もよろしくお願いします"の
気持ちを込めて健の自分撮り♪

TAKERU SATOH

Happy New Year

Date: **01/16/2012**

Subject: ☆パッション night ☆

皆さんこんにちは。

今夜は2012年1回目の記念すべき『TAKERU TV vol.7』の放送でした。

ご覧くださいました皆様、ありがとうございました。
本当に多くの方に温かく見守って頂き、今年も無事
『TAKERU TV』をスタートとする事ができました。
本当にありがとうございます。

そんな今夜は、佐藤健&桜田通の"パッション"溢れる放送でした。

仲良しの桜田がゲストということもあり、2人でコーナーを
楽しんでいましたね。ちゃっかり桜田の新ドラマも宣伝してましたね☆

とにもかくにも今年の2人のテーマは
"パッション"&"保湿"、2人の2012年にご期待ください!!

そんな今日の写真は
ゲストの『桜田通』&『書き初め』とお約束の『お疲れ様ショット』♪

パワフルなスタートを切れた『TAKERU TV』。
今年もよろしくお願い致します。

TAKERU SATOH

Date: **02/01/2012**

Subject: **嫉妬とカリスマと健♪**

皆さんこんにちは。

健が昨日仲良しの"高橋優"さんのユーストリーム番組
『月刊高橋優STREAM』☆にゲストとして呼んで頂きました。
皆さん見て頂けましたか?

一緒にゲストとして出演していた"ONE OK ROCK"の Takaさん。
この3人は普段からの仲良し☆

今までにない素の健が見られましたね♪

今日の1枚は健の手書きボードをパシャリ♪

何度でも見たくなる3人の一夜でした〜☆

Date: **02/03/2012**

Subject: "素敵な1日"

皆さんこんにちは。

健がWOWOW『プライムショー』にゲストとしてお招き頂きました。

寒波が続き、特に寒くなる夜!!
そんな寒い中、健を応援しに沢山の方々にお集まり頂きました。
生放送を見に来て頂いた皆さん、テレビから見て頂いた皆さん。
ありがとうございます。

番組では日頃から健と親交の深い方々やこれから
共演する方々などとの関係性が見えましたね☆

ムチャぶりに困る姿もあり（笑）

TAKERU SATOH

また、初舞台にして初出演という舞台『R&J』について、
その思いを語ってくれました。

今日は収録後のお疲れショット☆

Date: **02/11/2012**

Subject: 春の予感♪

皆さんこんにちは。

しばらく続いていた寒さも

気が付いたら春の予感？？

暖かくなって来たような♪

初舞台に挑む健は、アクションや
ダンスの練習も増えてきました。

日々精力的に活動中☆

Date: **02/20/2012**

Subject: "健とバレンタイン☆"

皆さんこんにちは。

先日は『TAKERU TV vol.8』を
ご覧頂き、ありがとうございます。
今回はバレンタイン特集☆　いつもより甘〜いちょいハピに、
羨ましそうな健でしたね♪
また、オススメのコーナーでは "チョコ" に合う
意外な物にチャレンジ☆

結果は……

シンプルに塩が優勝!!
が、しかし。。。
やっぱり、チョコはそのままが一番!☆笑

そして!!
新コーナーの
"ちょいショク"!!

バレンタインは良いことだけじゃない!!
そんな悩みに健が答えました。

TAKERU SATOH

学校にチョコはダメなのかな？　との質問に、
自分の学生時代を振り返る健でした☆

そんな今日の1枚は『R＆J』と健!!

Date: **02/22/2012**

Subject: **製作発表☆**

皆さんこんにちは

昨日健が初舞台にして
初主演！　舞台『ロミオ&ジュリエット』の
製作発表が盛大に行われました。

緊張しながらも、頼もしく挨拶する健から、
この舞台に対する熱い思いが感じられました。

ロンドンから遥々来日した演出家のジョナサン・マンビィ。
日本で初めて語る舞台への思いが期待感をあおります☆

5月の公演が待ち遠しいですね。
皆さん楽しみにしていてください！

Date: **03/08/2012**

Subject: **熱い闘い☆**

皆さんこんにちは。

春が顔を出し始め、暖かい陽気に自然と楽しくなる最近♪

そんな中健はテレビ番組のお仕事!!

エンターテインメントのプロフェッショナル達の、
どこよりも熱い闘いが見られるそんな番組と言えば……

『Asian Ace』☆

今回は健がゴールデンSPにゲストとして呼んで頂きました☆

そんな今回のテーマは

"マジック対決"☆

世界を魅了するエンターテインメントショーに健も釘付け♪
健がワクワクする程の
ハイレベルで緊張感ある息を飲む対決を是非ご覧ください。

TAKERU SATOH

Date: **03/20/2012**

Subject: "健が料理 !?"

皆さんこんにちは。

健がテレビ朝日系列『二人の食卓』に
ゲスト出演することが決定致しました。

舞台『ロミオ&ジュリエット』の開演が近づき、
色々な番組にゲストとしてお呼び頂いている健。

今回の『二人の食卓』はお料理番組。

……健が料理!?
作っちゃいます!!

同じくゲスト出演の石原さとみさんの食べたい料理を1人で作ります☆

健の貴重すぎる料理姿!
また、果たして健が作る料理とは!?

Date: **03/22/2012**

Subject: "Happy Birthday TAKERU" ☆

皆さんこんにちは。

『TAKERU TV vol.9』盛大な盛り上がりで、無事終了〜。
ご覧頂きました皆様、健へのお祝いの言葉をくださった皆さま、
本当にありがとうございます。

今回は残念ながら見られなかった！　という皆さまも、
いつも応援本当にありがとうございます！

健も大喜びで、皆さまの温かいお気持ちに大感謝でございます♪
サプライズゲストの方々も本当にありがとうございます。

幻!?　と思われるゲストのサプライズケーキに始まり、
いきなりTAKERU TVjack!?笑

さらに高橋優さんのサプライズ生電話☆
ここまでやるかと健も悔し笑い♪

そして最後はお馴染みとなったハンサムも乱入し、
みんなで締めくくり☆
本当に最初から最後まで目の離せない展開でしたね。

TAKERU SATOH

ファンの皆さまを始め、こんなに多くの人にお祝いして頂き、
喜びいっぱいの健でした。

健をはじめ、スタッフ一同これからも
一生懸命頑張っていきたいと
思いますので、引き続き23歳となった健を
応援してくださると嬉しいです☆

PASS AREA GUIDE | MOVIE | TV | TAKETELE | OTHER | INTERVIEW |

Date: **03/27/2012**

Subject: 毎日本気☆

皆さんこんにちは。

舞台『ロミオ&ジュリエット』絶賛稽古中の健。

稽古スタジオの中はスタッフも最小限で、
健スタッフは中に入れません。笑

そんな中でもこっそり稽古風景を撮影☆

その姿は真剣そのもの!!
初舞台への不安を全く感じさせない熱い姿に
舞台への期待は膨らみますね☆

またこっそり稽古場の健を追いたいと思います!!

TAKERU SATOH

Date: **04/21/2012**

Subject: 座長"佐藤健"☆

皆さんこんにちは。

『TAKERU TV vol.10 〜ロミオ&ジュリエットスペシャル〜』をご覧頂きました皆さま、ありがとうございます。
今回はトラブルも多々あり、皆さまには大変ご迷惑をお掛けしました。
本当に申し訳ございませんでした。

今回は共演者の菅田将暉さんと尾上寛之さんをゲストに迎え……ん?!
途中で飛び入り参加が!!笑

「座長"佐藤健"」VS「チーム助演」での早口言葉対決は大盛り上がり☆
大接戦の末、座長が勝利!!　座長の意地を見せた健☆

またお悩み相談では初のキッズとの生電話♪
健と少年の会話はレアでしたね☆

TAKERU SATOH

チームR&Jの仲の良さや温かさを感じた今回のスペシャル。
健の座長も意外に板に付いていましたね♪

さぁ舞台開幕まで残すところあとわずか!!
健の全身全霊の舞台に是非足をお運びください。

BACK STAGE PASS

Date: **04/30/2012**

Subject: 熱い始動☆

皆さんこんにちは。

健が初舞台にして初主演をつとめる舞台『ロミオ&ジュリエット』、
本日無事プレビュー公演初日を終えることができました。

健は初舞台というプレッシャー、主演という
重責ときっと戦っていたと思います。
そんなプレッシャーや不安の中、無事に舞台に立ち演じきれたのも、
ひとえに共演者の皆さま、スタッフの皆さま、
応援してくださるファンの皆さまの支えがあってのものです。
本当にありがとうございます。

この舞台『R&J』の美術セット、衣装、音楽、
ライティングなど本当に美しさに溢れています。
そこに出演陣であるベテランの共演者の方々の経験と、
若い共演者の方々のパワーにより
本当に素晴らしい舞台となっております。

そんな舞台『ロミオ&ジュリエット』、最終日まで
どうぞ温かくお見守りください☆

TAKERU SATOH

Date: **05/07/2012**

Subject: **舞台大盛況☆**

皆さんこんにちは。

舞台『ロミオ＆ジュリエット』も無事初日を終えることが出来ました。
お天気の悪い中、会場にお越しくださいました皆さま、
本当にありがとうございます。温かいご声援を
日々支えに連休の公演を乗り切ることが出来ました。
日々変化する舞台に健も楽しんで毎日頑張ってます☆

そんな今日の健は映画『るろうに剣心』の取材☆
舞台公演中ではありますが舞台後に控える『るろうに剣心』も
動き出していますよ☆

今日は取材中に雑誌を読む健をぱしゃり♪
体調も良好!!　今週も舞台頑張りますよ〜!!

Date: **05/31/2012**

Subject: いざ!! 大阪へ☆

皆さんこんにちは。

先日舞台『ロミオ&ジュリエット』東京公演が無事終了しましたね♪
沢山の応援ありがとうございました!!

さぁ次は大阪やで〜☆
ということで先日の『TAKERU TV vol.11』は大阪公演に向けての
スペシャル放送をお送りしました!

チームR&Jからアダルト代表のお二人"姜暢雄さん"と
"コング桑田さん"をゲストにお招きして、『TAKERU TV』初の
お酒を飲みながらの"居酒屋バージョン"で大盛り上がり☆
カンパニーの仲の良さが伝わりましたでしょうか??

さてさて!!
舞台『ロミオ&ジュリエット』舞台の最終章は大阪!!

大阪の皆さんも是非この機会に健の初舞台にして初主演、
『ロミオ&ジュリエット』に足をお運びください☆

TAKERU SATOH

Date: **06/10/2012**

Subject: ご挨拶。

舞台『ロミオ&ジュリエット』無事終わりました。
観にいらしてくださったみなさま、最後まで
気にかけて下さったみなさま、本当にありがとうございました。

帰りの新幹線の中なう

ひとりプレモルを飲んで余韻に浸っています。

完全に最高のカンパニーでした。
このメンバーでつくったこの作品をたくさんの方に
観てもらえたことが誇りです。

こんな最高な人たちの中でロミオをやらせてもらったんだから、
自分はもっともっと頑張らなあかん思います。

またひとつ、この上なく特別な思い出ができました。
大事に胸にしまって明日からも進んでいこうと思います。

TAKERU SATOH

2012

おつかれさま
ありがとう

それではみなさんまた会う日まで。
100万回のごきげんよう。

佐藤健

Date: **06/13/2012**

Subject: **感謝☆感謝☆感謝☆**

皆さんこんにちは。

先日無事、舞台『ロミオ&ジュリエット』大阪公演最終日、
大千秋楽を終えることが出来ました!!

全50公演。健が全公演を走りきることが出来たのも、
観に来て頂いた方々、応援して頂いた方々、
皆さまの支えがあったからこそです。
佐藤健・スタッフ一同、心よりお礼申し上げます。

本当にありがとうございました!!

大千秋楽終了後、興奮冷めやらぬ中、帰りの新幹線で
久々のブログを書く健。健も初舞台にして初主演のこの挑戦を
温かく見守ってくださって皆さまに本当に感謝しています☆

舞台『ロミオ&ジュリエット』!!　長い間ご声援、
本当にありがとうございました!

健の挑戦はまだまだ続きます!!　舞台を終え、
また1つ進化した健の今後を楽しみにしていてください♪

TAKERU SATOH

Date: **06/20/2012**

Subject: 一休み♪　ひとやすみ♪

皆さんこんにちは☆

東京は台風が去った後の快晴。
健は、朝からとあるお仕事中です。

大きな作品を終え、また前へ向けて進む健。
次は皆さんにどんな作品をご覧いただけるのか、、、
ご期待ください☆

今日は休憩中にぱしゃり♪
季節の変わり目は体調管理にもお気をつけてください♪

Date: **06/27/2012**

Subject: **大盛り上がり!! ☆**

皆さんこんばんは。

映画『るろうに剣心』レッドカーペット&
完成披露試写会が本日行われました!!

レッドカーペットイベントにお集まり頂いた方々が約1000人、
完成披露試写会にお越し頂いた方々が約600人と、
多くの方々にお越し頂きました!!
皆さま、本当にありがとうございます!!

映画『るろうに剣心』いよいよ動き出しました!!
今日のイベントをきっかけに色々な所で健剣心がPRしていきますよ〜 !!

健の初主演映画という挑戦が、皆さまの元に届く日を楽しみに、
健含めスタッフ一同全力で盛り上げていきたいと思います!!

皆さま、応援よろしくお願いいたします☆

TAKERU SATOH

Date: **07/05/2012**

Subject: 語り中〜♪♪

皆さんこんにちは。

夏が少しずつ顔を見せ始めている今日この頃。

健は雑誌の取材♪♪
「夏と言えば〜」
という記者さんの質問に
「今年の夏は花火大会に行きたいな〜」とつぶやく健。

夏と言えば花火ですよね〜
皆さんの今年の夏の予定は決まりましたか?

BACK STAGE PASS

Date: **07/20/2012**

Subject: 新たな挑戦

皆さんこんにちは。

先日、健の最新主演映画『リアル～完全なる首長竜の日～』が
発表になりました☆

原作は"このミステリーがすごい!"大賞受賞作品、
『完全なる首長竜の日』(著者：乾緑郎氏)。

そして!!
監督は、日本映画界を代表する映画監督であり、
世界でも高い評価を受ける黒沢清監督☆

そしてそして!!
綾瀬はるかさんをはじめ、中谷美紀さん、オダギリジョーさん、
小泉今日子さんなど豪華キャストの皆さま。

そんな今回の作品は、現実と仮想の境界が曖昧になる、
映画『インセプション』を彷彿させるものとなってます。

TAKERU SATOH

原作との出会い、監督との出会い、そして共演者の方々との出会い、
すべてが健にとって"新境地"となることは間違いありません!!

公開は2013年初夏を予定。絶賛撮影中の毎日!!
さぁ、また健が新しい場所に走り出しました☆

お楽しみに☆

Date: **07/29/2012**

Subject: "一日一善 in ロンドン !? "

皆さんこんにちは。

『TAKERU TV vol.12』をご視聴頂き、ありがとうございました。

「たけるに健診」のコーナーや、いつもとちょっぴり違う
ちょいハピなど、楽しんで頂けましたでしょうか？？

そして!!

映画『るろうに剣心』キャンペーン中の "リアルるろう人" 長尾卓也君が、
旅の途中に来てくれるという嬉しいサプライズもありました☆

日本一周の旅も折り返し地点。
"一日一善" 多くの人と出会って、パワーをもらっている長尾君。

そんな長尾君に、生放送中、るろう人キャンペーンチームから、
緊急ミッションが！

なんと長尾君がロンドンにて、"オリンピック日本代表の応援" &
"一日一善inロンドン" を行うことが決定!!

決戦の地でさらなるパワーを貰い、
残りの日本一周も頑張っていきましょ〜☆

皆様の応援、よろしくお願いします☆

Date: **08/03/2012**

Subject: 夏‼ 浴衣♪

皆さんこんにちは。

先日、健が出演している
サントリーチューハイ
"ほろよい"のスペシャルイベント"第2回カンパイ！ ほろよいフェスみ
んなでめざせ100万発！ ウェブ花火大会!"が行われました。

浴衣姿で夏らしい雰囲気の中で、自然体な健が見られましたね♪

手相は相変わらずますかけで天下統一の逸材。

ほろよい総選挙も大盛り上がり☆
見事1位に輝いた"白いサワー"とパシャリ♪

夏らしい一枚ですね♪

Date: **08/05/2012**

Subject: 癒やされ中〜♪

皆さんこんにちは。

8月に入り、夏も本番!!
暑い毎日が続いていますね☆

そんな中、健は『るろうに剣心』のPRで、
日本テレビ系『天才!志村どうぶつ園』にお邪魔しました♪

動物が大好きな健。
沢山の動物に囲まれて癒やされている健をパシャリ♪

Date: **08/13/2012**

Subject: 名古屋☆

皆さんこんばんは☆

今日は、映画『るろうに剣心』のプロモーションで
名古屋におじゃましています♪

健は、昼ごはんにひつまぶしを頂き、
取材の合間に名古屋をちょっぴり味わうことができました☆

そして、試写会にお越し頂きました皆さま、
ありがとうございます!!

明日は大阪におじゃまします!!

写真は大友啓史監督と♪

Date: **08/16/2012**

Subject: 剣心色一色☆

皆さんこんにちは。

昨日映画『るろうに剣心』ジャパンプレミアが
盛大に行われました。

いよいよ公開日が迫って来ている中、
各種方面で盛り上がりを見せる
映画『るろうに剣心』!!

昨日のジャパンプレミアでは、
華やかな盛り上がりを見せました☆

『るろうに剣心』にコメントを寄せて頂いた、
ロンドンオリンピック、フェンシング日本代表の
太田雄貴選手も会場に駆けつけてくれて、
オリンピックパワーも注入!!

健のフルーレも炸裂!!

このまま公開まで走り抜けます!!

Date: **08/18/2012**

Subject: 初の挑戦 !!

皆さんこんにちは。

先日『佐藤健のオールナイトニッポンGOLD』が放送されました☆

健にとってラジオパーソナリティーは初の挑戦!!

皆さん、楽しんでいただけましたでしょうか？

映画『るろうに剣心』の共演者の皆さんと
語りリレーですごく盛り上がりましたね☆

チームるろ剣の仲の良さが伝わってきましたね♪

Date: **08/25/2012**

Subject: この日の為に……

こんにちは。

健の初主演映画『るろうに剣心』が
本日公開初日を迎えました☆

昨年の夏、全身全霊でこの作品に挑みました。
そして、皆さまの元へこの作品が届く日を、
健をはじめスタッフ一同心より待っておりました。

健の本気を是非劇場でご覧ください☆

写真は、今日47都道府県るろうの
旅から戻ってきた長尾卓也君と。

TAKERU SATOH

Date: **09/01/2012**

Subject: ありがとうございます‼

皆さんこんにちは☆

健の主演映画『るろうに剣心』ですが、
お陰様で沢山のお客様にご覧頂きまして、
健・スタッフ一同、心より御礼申し上げます。

本当にありがとうございます‼

そして昨日今日と、「大ヒット御礼日本横断キャンペーン」として
各地の劇場におじゃましております！

TAKERU SATOH

映画館へお越し頂きました皆様、ありがとうございます!!

『るろうに剣心』が長く愛される作品になるよう、
引き続き応援よろしくお願いします☆

写真は、先日の名古屋ミッドランドスクエアシネマでの
舞台挨拶後の写真です♪

PASS AREA GUIDE

MOVIE | TV | TAKETELE | OTHER | INTERVIEW |

Date:　**10/04/2012**

Subject:　初めての国際映画祭☆

皆さんこんにちは。

本日、世界的に名高い"釜山国際映画祭"の
オープニングセレモニーに参加させて頂きました☆

現地の方々や、日本から応援に来ていただいた方々の
温かい声援のおかげで、堂々と
レッドカーペットを歩くことができました☆

健の初主演映画である『るろうに剣心』を、
より多くの方々に観ていただきたいという熱い思いを持って、
まだまだ剣心は突き進みます!!

今日の写真は釜山国際映画祭の会場で☆

Date: **10/06/2012**

Subject: 大きな一歩。

皆さんこんにちは。

昨日は"釜山国際映画祭"のオープンシネマ部門の初日でした☆

そのトップバッターとして『るろうに剣心』が上映されました!!

上映前に健は大友啓史監督と舞台挨拶☆

挨拶前の健をパシャリ☆
緊張してますね♪

健と監督も、この日は5000人近くのお客様と一緒に映画を鑑賞☆
上演後、会場はお客様の大歓声に包まれました!!

健にとって、大きな大きな一歩となった今回の
『るろうに剣心』初の海外上映。

この貴重なチャンスが勢いとなって世界中の多くの方々に
『るろうに剣心』を観ていただけるよう、まだまだ前進して行きます!!

TAKERU SATOH

PASS AREA GUIDE | MOVIE | TV | TAKETELE | OTHER | INTERVIEW |

Date: **10/16/2012**

Subject: さとう☆めくる

皆さんこんにちは。

佐藤健2013年カレンダー追加情報です!!

大人の一人旅をイメージした壁掛けタイプと、150ページに及ぶ
"佐藤めくる"と題した卓上タイプの2タイプ展開で
"健の新しい顔"を堪能が出来る2013年のカレンダー。

健の"素顔"に迫ったカレンダーの撮影では、
心から笑う健や本気で遊ぶ健。様々なシチュエーションに
合わせて表情を変える健が見られます。

ここまで健の"素顔"に迫ったカレンダーは初!!

2012

Date: **10/25/2012**

Subject: ハンサム対ハンサム？？

皆さんこんばんは。

今回の『TAKERU TV vol.14』ご視聴頂きました皆さま、
ありがとうございました☆

釜山国大映画祭の密着映像や剣心に問う!! のコーナーでは、
健の素顔が垣間見られたのではないでしょうか？！

さらに!!
何と言っても今回大盛り上がりだったのは、
ハンサム追加公演出演の劇団プレステージメンバーとの
白熱のハンサムバトル☆
ハンサム初参戦の劇団プレステージメンバーとの
初コンタクトは大成功でしたね!!

記念にパシャリ♪

特別追加公演もこの勢いでハンサムの熱い舞台を期待しましょう☆

Date: **11/29/2012**

Subject: 一夜限りのタケさん!?☆

皆さんこんにちは。

昨日は『TAKERU TV vol.15』をご視聴頂きましてありがとうございます。

ハンサムLIVEまで1ヶ月を切り、
またまた素敵なハンサム達がゲストに来てくれました☆

そんな中驚きの「タケさん」登場……笑
新コーナー "ハンサムショッキング" で、
まずは野村周平&小関裕太のフレッシュコンビとの初共演☆

新ジャンル?! を思わせる小関のキャラに大盛り上がりでしたね♪

さらに!!
お馴染み常連コンビは柳澤貴彦&植原卓也☆
今年のハンサムLIVEの見所を教えてくれましたね!

それにしても健のレアすぎる「タケさん」姿、貴重でしたね〜♪

Date: **12/09/2012**

Subject: 台湾にて☆

皆さんこんばんは。

2012年も後一ヶ月を切り、
街も年末に向けて賑やかになって来ましたね♪

健は、1月期TBS日曜劇場『とんび』の撮影の毎日☆

とそんな中……
映画『るろうに剣心』が台湾で上映されることが決定し、
台湾に行ってきました☆

空港に着いたらびっくり!!　なんと200人もの現地の方々に
迎えて頂いたのです☆

温かい歓迎ムードなのは空港だけではなく、舞台挨拶の劇場、
取材の現場でも関わる方皆さんが温かく健を迎えてくださいました。

今後はフィリピン、シンガポール、スペインなどでも
年内中に公開する予定です☆
また、12月26日に発売されますDVDも是非チェックしてください♪

映画『るろうに剣心』。
まだまだ盛り上げて行きますよ〜!!

TAKERU SATOH

Date: **12/21/2012**

Subject: サンタさん。

皆さん、こんにちは☆

寒い日が続きますが、皆さん体調など崩されていませんか??

最近の健は、連日ドラマ『とんび』の撮影に臨んでおります。
もちろん、ハンサムLIVEの準備も着々と進んでいますよ!
皆さんに喜んでいただくことを励みに、日々頑張っております☆

さて、今月は残念ながら『TAKERU TV』はお休みさせていただきます。
いつも楽しみに待ってくださっている皆さま、申し訳ございません。

代わりに、
年末ということで、2012年の健のオフショットを
ご覧いただきたいと思います☆
まずは、11／30、12／1に行われたAAAでの一枚です。

こんなサンタさんをぶら下げていました。

TAKERU SATOH

Date: **12/25/2012**

Subject: いよいよ明日★

皆さんこんばんは☆

いよいよ明日から、「SUPER ハンサム LIVE2012」が始まります♪

パシフィコ横浜、そして全国のライブビューイング会場へ
お越し頂く皆さま、お待ちしております★

お気をつけてお越しください!

そして、明日、映画『るろうに剣心』DVD&Blu-rayが発売となります。

こちらも是非チェックしてください♪

今日の写真は、『るろうに剣心』韓国プロモーションでの
オフショットです★

この日は、現地のスタイリストさんのコーディネートということもあり、
普段とはまた違う表情が見られました♪

2012

Date: **12/27/2012**

Subject: 初日★

皆さん、こんばんは★

本日SUPER ハンサム LIVE2012、初日を迎えました!

お越し頂きました皆さま、遠くから応援頂きました皆さま、
ありがとうございました!

「チケット持ってないけど、今から行きたい!!」という方は、
28日特別公演と、28日夜のライブビューイング公演は
劇場によってはご覧頂ける場所もございますので、
ハンサム LIVEホームページをご覧ください!

今日の写真は、本番直前の健をパシャリ♪

本日、はじめてのTAKERU TVグッズが発売になりました!

ライブ中も、健は腕にこのお気に入りのコンチョを付けています♪

Date: **12/31/2012**

Subject: ありがとうございました!

皆さんこんばんは★

2012年も間もなく終わりますね。

ハンサム LIVEも無事終了し、応援して頂きました皆さま、
ありがとうございました!

2012年は、初舞台『ロミオ&ジュリエット』に始まり、
主演映画『るろうに剣心』公開など、
健にとっても新しい挑戦の多い一年となりました。

突っ走りきることができたのも、皆さまの日頃の温かい応援のお陰です。

本当にありがとうございます。

来年も、素敵な作品をお届けできるよう、
佐藤健・スタッフ一同邁進して参ります!

皆さまにとって2013年が、幸多き一年になりますように……。

来年もどうぞよろしくお願いいたします!

TAKERU SATOH

Date: **01/07/2013**

Subject: ☆新年☆明けましておめでとうございます☆

皆さん明けましておめでとうございます。

昨年は大変お世話になりました。
本年もよろしくお願い致します。

2013年"年男"の健は勢いよく頑張りますので、
今年も応援してくださいね☆

さてさて。
健は今日も撮影♪
1月13日に初回を迎えますドラマ『とんび』の撮影も
佳境に入り、健も気合いが入っております!!

ドラマ『とんび』の放送や夏に
映画『リアル〜完全なる首長竜の日〜』の
公開を控える健の2013年にご期待ください☆

TAKERU SATOH

Date: **01/13/2013**

Subject: **"究極の家族の愛の物語" スタート☆**

皆さんこんにちは。

健が出演するTBS日曜劇場『とんび』が
いよいよ初回放送を迎えます☆

昭和から平成を生きる、究極の家族の愛の物語です。
現場も家族の様な温かい雰囲気で、
毎日一生懸命撮影に臨んでいます!

この作品に出会った健は、自分が今まで当たり前のように生まれて、
育ってきたことに多くの愛が詰まっていたことに気付いたそうです。

スタッフ・キャストの気合いが詰まった、
このドラマ『とんび』にご期待ください☆

写真は、先日スタッフ・キャストの皆で、
ヒット祈願をした際の絵馬です。

市川家の幸せを願いました。

是非、日曜劇場『とんび』をよろしくお願いします!!

TAKERU SATOH

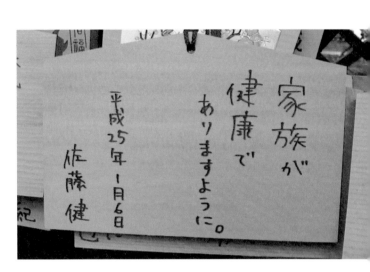

Date: **01/26/2013**

Subject: **絶賛撮影中〜♪**

皆さんこんばんは。

寒さに弱い健ですが、
連日TBS日曜劇場『とんび』の撮影に励んでいます♪

今日の写真は、アキラの幼稚園バッジ♪

5話からは、成長した高校生の健アキラが登場します♪
子供アキラの迫真の演技に健も燃えてますよ〜!!
アキラの成長をお楽しみください☆

明日は第3話の放送です

☆是非ご覧ください♪

TAKERU SATOH

PASS AREA GUIDE

| MOVIE | TV | TAKETELE | OTHER | INTERVIEW |

Date: **02/06/2013**

Subject: クローバル!?

皆さんこんにちは。

健が10月から撮影に入っていましたTBS日曜劇場『とんび』が

先日無事クランクアップしました☆
次週はいよいよ健アキラがメインで登場する5話の放送です。
心温まる"家族の愛の物語"後半戦を是非ご覧ください☆

また昨日放送の『TAKERU TV vol.16』を
ご視聴頂きまして、ありがとうございます。

先日クランクアップした
TBS日曜劇場『とんび』から音尾琢真さんに来ていただき、
とても盛り上がりました☆

ドラマ『とんび』に掛けて皆さんから募集した"家族の愛"のちょいハピ。
色々な所に温かい家族のドラマがあるんですね♪

また不器用な親父に届け!
ちょいハピメール!

TAKERU SATOH

器用になりきり変換読み上げ対決では
"音尾悟空"対"健マスオ"の対決!!

健の本邦初公開のマスオさん……
意外に似てる結果に。笑

そして書き初めのコーナーでは、2013年の健の抱負を発表!!

……"クローバル"。

"グローバル"に活躍できる様に健含め、
TAKERU TVスタッフ一同も頑張りますので、
今年もTAKERU TVを応援よろしくお願いします〜☆

写真は「俺は健の実の兄だ!」と言い張る音尾さんとの一枚☆

Date: **02/18/2013**

Subject: 「2日目のカレー♪」

皆さんこんばんは。

先日健が出演するTBS日曜劇場『とんび』の
6話の放送がありました☆

健演じるアキラが大学進学の時期を迎え、
東京に上京する時のお話。

ずっと生活を共にしていた家族との別れは、
誰にでも経験がある瞬間ですね。

市川家の「2日目のカレー」は家族としか味わえない特別なご飯ですね♪
皆さんにもそんな家族としか味わえない思い出のご飯はありますか?

今週の1枚はアキラと健介の2ショット!!

この二人の今後も気になりますね〜☆

TAKERU SATOH

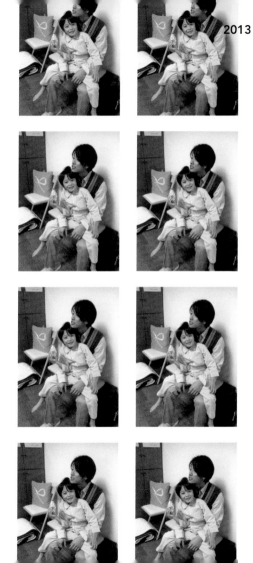

2013

BACK STAGE PASS

Date: **02/26/2013**

Subject: （A）の成長。

皆さんこんにちは。

先日TBS日曜劇場『とんび』7話の放送がありました。
大学進学で初めてアキラと離れたヤスの寂しさを感じる回でしたね。
その反面、東京で悩みながらも、
必死で成長していくアキラの姿も見え始めましたね☆

TAKERU SATOH

ハチマキを巻いて焼き鳥屋でバイトをする姿も、

スキー場を駆け回る姿も、離れているヤスには届かないけれど。

こんな素敵な伝え方もあるんですね。

今日の写真は働くアキラ!!

次回もお楽しみに～☆

Date: **03/04/2013**

Subject: 深い愛が生んだ"嘘"。

皆さんこんにちは。

昨夜はTBS日曜劇場『とんび』の第8話の放送でした☆

皆さん、いかがでしたか？

今回は内野聖陽さん演じる"ヤス"が生き別れた実の父と
再会するお話がありました。どんなに離れていても、
どんなに時が経っても、親子は必ず繋がっている……。

そして、アキラが書いた作文「嘘と真実について」に記されていた真実。

ヤスがついた嘘は、アキラを思った"深い愛"に包まれていました。
誰かを思って真実を隠すことが、結果嘘をつくことになってしまっても、
こんな素敵な嘘もあるんですね。

今日の一枚は"アキラが3人！？"な素敵な一枚。

日曜劇場『とんび』も残すところ2話です。

最後までこの"究極の愛の物語"をお楽しみください☆

TAKERU SATOH

Date: **03/11/2013**

Subject: 強い思い。

皆さんこんにちは。
昨夜はTBS日曜劇場『とんび』の第9話の放送でした☆

皆さん、いかがでしたか？
今回は吹石一恵さん演じる由美のアキラを思う気持ちと、
内野さん演じるヤスの"美佐子"や"アキラ"を思う気持ちが衝突し、
結婚の壁となってしまいましたね。

でも"強い思い"は必ず伝わる。

誰かが誰かを強く思うことは、伝えることを諦めなければきっと伝わる。
ヤスとアキラを取り巻く周りの優しさを感じる温かさでしたね☆

そして次回はいよいよ最終回☆
1話を思い出させる様なシーンで終わった9話……
照雲和尚が見つけたとんびの姿が、不安を煽りましたね。
そしてアキラと健介の関係も気になる予告でした。
"とんびと鷹"の物語もいよいよ残すところあと一話!!
2013年、心から温まる"究極の家族の愛の物語"の
ラスト90分をお見逃しなく☆

TAKERU SATOH

そして!!

先日発表になった健の次回作『カノジョは嘘を愛しすぎてる』☆
今撮影に向けて、劇中で演奏するベースなどを絶賛練習中!!
作品に対しての気合が伝わってきます。

今日は最近の取材での一枚♪

映画『リアル』の公開や最新映画の準備と、
頑張っています☆

今後をお楽しみに〜♪

Date: **03/17/2013**

Subject: "とんび" と "タカ" の物語。

皆さんこんにちは。

健が出演する日曜劇場『とんび』が、
いよいよ今夜最終回を迎えます。

どうしようもなく息子を愛した父の30年と、
父の精一杯の愛に包まれて育った息子の15年間を描いた物語。
この冬、お茶の間を優しく温かい気持ちにしてくれた物語も
いよいよ最終回を迎えます。

愛に生きた、家族の物語の結末を
お見逃しなく☆

TAKERU SATOH

Date: **03/31/2013**

Subject: **始球式!!**

みなさん、こんばんは!

最近の健は、映画『カノ嘘』の撮影が続いております。

現場の様子は、またレポートしますね! お楽しみに☆

そんな中、先日、千葉ロッテマリーンズの
開幕試合の始球式を務めさせて頂きました!

登場前まで、緊張の表情の健でしたが……。
堂々ストライクーー!!

ナイスピッチングに、会場もどよめきました!

無事に投げ終わり、
「イメージしていたコースよりも低すぎました。
ボール2個分、いや1個半かな」と、
野球少年らしい言葉を残していました☆

ウォーミングアップ中の健をパシャリ。

TAKERU SATOH

Date: **04/13/2013**

Subject: **TAKERU ALARM ★**

みなさん、こんにちは★
健の新作デジタルコンテンツはチェックしてくれましたか？？

★TAKERU ALARM★
佐藤健の公式コレクションアラームが登場！
ただ時間をお知らせするだけでなく、
写真を集めて楽しんでいただける写真集のようなアラームです。

写真は全部で36枚収録されており、
アラームが鳴るたびに新しい写真がギャラリーに追加されていきます。

全部集めて、ギャラリーを完成させてください！

また、ボイスは4種類から自由に選ぶことができ、
設定した時間になると佐藤健が声で知らせてくれます。

なお、アラーム設定画面から自分の誕生日を登録すると、
誕生日当日に健がお祝いしてくれます♪

今年も始まったばかり……と思っていたら、
あっという間に4月ですね。

TAKERU SATOH

そろそろ来年の佐藤健カレンダーの打ち合わせもしなきゃ……。

大好評いただいた「佐藤めくる」に続き、
みなさんに楽しんで頂けるものを企画していきます★

写真は、撮影の合間、ピアノの練習に没頭する健です。
後ろ姿でごめんなさい……。

カノ嘘の撮影も順調に進んでいます!!

Date: **04/23/2013**

Subject: 映画『リアル』始動。

皆さんこんばんは。

本日『リアル〜完全なる首長竜の日〜』の
完成披露試写会が行われました☆

ちょうど昨年の今頃から撮影に入ったこの作品が完成し、
皆さんの元に初めて届くこの日を健も楽しみにしていました♪

舞台挨拶で語る健の表情からも自信が伝わってきました☆

今日の1枚は映画の象徴でもある"首長竜"のぬいぐるみ!!
この子、名前が決まってないらしいが、
公開までに決まるのだろうか……

公開まで約1ヶ月!!
これから映画『リアル』を
盛り上げて行きますよ☆

TAKERU SATOH

2013

Date: **04/29/2013**

Subject: **色々挑戦！？**

皆さんこんにちは。

健は映画『カノジョは嘘を愛しすぎてる』の撮影中♪
現場はとても良い雰囲気で撮影が進んでます☆

TAKERU SATOH

今回はベースや作曲シーンがあり、日々練習に励む健!!

現場の休憩中も休まず練習する健をパシャリ☆

ドラム??

関係ない楽器も練習し始める健でした♪

BACK STAGE PASS

Date: **05/02/2013**

Subject: 和気藹々♪

皆さんこんにちは。

健は映画『カノ嘘』の絶賛撮影中☆

今日はクリプレメンバーとのシーンで、
空き時間に共演の水田航生さんとセッション☆

撮影は毎日和気藹々と進んでます!!

Date: **05/12/2013**

Subject: **ストイックに。**

皆さんこんばんは。

健はまだまだ映画『カノジョは嘘を愛しすぎてる』の撮影中〜♪

今回は楽器の演奏シーンが何度もあるので、
空き時間は常に練習をしています!!
普段から何か始めると徹底的な健☆

ベースのシーンの撮影はもう撮り終わったにもかかわらず、
まだまだ練習に励む健をパシャリ♪

撮影も残すところ数日!!　頑張りますよ〜☆

TAKERU SATOH

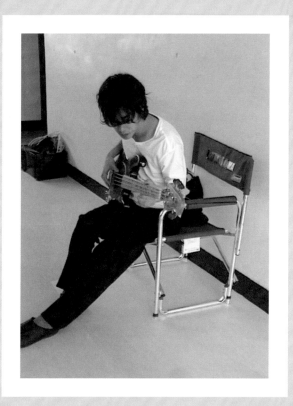

Date: **05/28/2013**

Subject: 首長竜と健。

皆さんこんにちは。

先日は『TAKERU TV vol.18』をご視聴頂きまして、ありがとうございました☆

映画『リアル〜完全なる首長竜の日〜』SPと題しての今回の放送。多くの人に観てほしい!!　という健の気持ちが伝わりましたね♪

首長竜 (名前未定) で遊ぶ健がシュールでしたね……笑

この『TAKERU TV』での盛り上げをスタートに、映画の公開向けて健が盛り上げて行きます☆　今後のTV番組でのPRにもご注目ください☆

今日の1枚は"謎の組み合わせ!?"な3人をパシャリ☆

なんでもありな『TAKERU TV』MCの健でした!!

Date: **06/02/2013**

Subject: 大盛況☆

皆さんこんにちは。

佐藤健主演映画『リアル〜完全なる首長竜の日〜』が
先日公開初日を迎えました☆　この週末に多くの方々が劇場に
足を運んでくださっていると聞き、健も喜んでいます!!

今日は御礼の気持ちをお伝えすべく、
健は大阪梅田、難波、京都二条の劇場に
舞台挨拶にお邪魔しています☆

皆さんの熱気に健も大喜び!!
また、先日の『TAKERU TV vol.18』で
皆さんから頂きました"首長竜"の名前が決定しました☆

♂男の子が"リアくん"♀女の子が"アルちゃん"に
決定しました!!　パチパチ
色々なアイディアありがとうございました♪

TAKERU SATOH

今日の1枚は感謝の気持ちを込めて、
サインをする健をパシャリ☆

映画『リアル』は沢山の謎が隠された極上の
エンターテインメント作品です。

「映画を観て何を感じ、いくつの発見があったか聞いてみたい」と
健が言うように、観た人それぞれが異なる印章を持つ映画です。

何を見つけられるか、何を感じるか、
是非劇場でお楽しみください☆

Date: **06/25/2013**

Subject: 完成まで。

皆さんこんにちは。

梅雨でじめじめ〜っとした天気が続いてますね。

そんな中健は映画『カノジョは嘘を愛しすぎてる』の
ナレーションを録りにスタジオに来ています♪

映画の撮影は終わっても、完成までに色々な作業があります。
皆さんの元へ届くまでに、多くの人の沢山の力で
映画は完成に向かいます！！

映画『カノ嘘』の公開は今年の12月予定☆

ご期待ください！！

TAKERU SATOH

Date: **06/26/2013**

Subject: **大切な場所。**

皆さんこんにちは。

昨日は『TAKERU TV vol.19』をご覧頂きましてありがとうございます。

今回は健のUFO談義や蛍を見に行ったエピソードなど、
楽しい話題が満載でした♪

また『TAKERU TV』の正式な略称は
『たけてれ』に決定しました！　皆様、よろしくお願いしますm(__)m

前回から始まった "OKAWARIクイズ" のコーナーも
盛り上がりました☆

「旨」という漢字を見るたびに、
たけてれ視聴者の皆さまは思いだしてしまうことでしょう (笑)

今日の1枚は放送後の健をパシャリ☆

健を応援してくださる皆さんと、
身近に繋がることのできる『たけてれ』。

たけるにとっても大切な場所です☆

TAKERU SATOH

Date: **07/27/2013**

Subject: **クランクイン!**

皆様こんにちは♪

暑い日々が続いていますね。
熱中症対策はしっかりしてくださいね!

さて、そんな熱い日々の中、
健は続編を熱望されていた映画
『るろうに剣心 京都大火編／伝説の最期編』
のクランクインを迎えました!!

なんと続編は2作品連続公開!!
更に今回は前回以上のアクションに加え
乗馬アクションにも挑戦。

これから長い現場が続きますが、
前作を超える作品を皆様に届けられるようにと
ストイックに撮影に挑んでおります!

TAKERU SATOH

2013

Date: **07/30/2013**

Subject: ナイトシーン。

皆様こんにちは！

今回もお待ちかねの『るろうに剣心 京都大火編／伝説の最期編』の
現場レポートです！☆　暑い日が続きますが、
皆さん体調は崩されていませんか？

撮影は順調に進んでいます☆　最近は、
今作でも見所となる夜のシーンを連日撮影しております。

そんな夜のシーンならではの、黄昏の月夜に輝く剣心。

風情が漂っていますね♪

どんなシーンになっているのでしょうか……楽しみです！！

次回の現場レポートもご期待下さい！

TAKERU SATOH

Date: **08/05/2013**

Subject: リニューアル！

皆さんこんにちは！

先日は『TAKERU TV vol.20』をご覧頂きありがとうございました☆

今回は放送20回記念という事で、番組が大きくリニューアルされましたが、
皆さんいかがでしたでしょうか？

健も、新しくなったセットが落ち着いたようで、
放送中はとてもリラックスした状態でいつも以上に素がでていました☆

さらに今回から、『TAKERU TV』から『たけてれ』に
番組名を正式変更！

これから更にパワーアップして、健と皆さんとの繋がりを
より強く感じられるような場所にしていきたいですね！

これからも進化し続ける『たけてれ』を
皆さんと一緒に盛り上げていきたいと思います！

応援よろしくお願いします☆

TAKERU SATOH

Date: **08/15/2013**

Subject: 熊本にて

皆さんこんにちは♪　ここ最近夏本番という事で、
更に暑くなってきましたね。
暑さに負けずに、夏を満喫しましょうね☆

さて!　そんな中、健は火の国熊本で撮影を行いました!

息ぴったりな名コンビの2人。後ろ姿も絵になりますね!

今回は、八千代座という歴史的な情緒のある建造物にて撮影。

地元のエキストラの方々のご協力もあり、
素晴らしいシーンが撮れました。

どんな映像に仕上がるのか今から楽しみですね!

TAKERU SATOH

2013

そして撮影最終日には、
熊本の営業部長である「くまモン」が
陣中見舞いに来てくれました♪

剣心バージョンのくまモンにとても癒された健でした。笑

次回のスタッフレポートもご期待ください!☆

Date:　**08/20/2013**

Subject:　夏の風物詩。

皆さんこんにちは☆

お盆休みの時期も終わり、
真夏も終わりに近づいてきました。
残りの夏も悔いなく楽しんで下さいね♪

さて、今回も
『るろうに剣心 京都大火編／伝説の最期編』の
現場レポートです！

先日、健は海での撮影を行いました！
広大な海辺に佇む剣心。
一体どんなシーンになるのでしょうか。。

皆さんの想像が膨らんだところで
現場レポートを終わります。笑

TAKERU SATOH

Date: **08/28/2013**

Subject: 趣。

皆さんこんにちは！

8月も終わりに差し掛かっていますが、まだまだ夏の暑さが残りますね。
そろそろ涼しくなってほしいものです。。笑

さて、今回も『るろうに剣心 京都大火編／伝説の最期編』の
現場レポートをお送りします！

先日は山形県の歴史ある某所にて撮影をさせて頂きました☆

熊本に引き続き歴史ある建造物の中で
趣のあるシーンを撮る事が出来ました。

ご協力して頂いたエキストラの皆さん、
そしてロケ地関係者の方々本当にありがとうございました！

皆さんの作品に対する熱と期待を感じる事が出来た撮影でした☆

TAKERU SATOH

Date: **09/05/2013**

Subject: 雨ニモマケズ。

皆さんこんにちは☆

さて、今回も『るろうに剣心 京都大火編／伝説の最期編』の
現場レポートをお送り致します！

剣心は、悪天候とも戦っております。

雨が続く撮影の中でも、健は集中力を切らす事なく
撮影に挑んでおります！

どんなに天候待ちの時間があっても、
ここ一番の集中力を発揮しています。

TAKERU SATOH

Date: **09/10/2013**

Subject: 第 2 弾!

皆さんこんばんは☆

昨晩は『たけてれ vol.21』をご覧頂きましてありがとうございました。

健は地方ロケから一時帰京し、皆さんに元気な姿を見せるため
秘密基地に現れました♪

今回は前回の大幅な番組リニューアルに引き続き、
新企画も登場するという盛りだくさんの内容でした!

仮のロゴ作成から始まり
最後は健が必死に紙粘土で守り神を作るという、
他では見られない映像をお送り致しました。笑

健の力作。『たけてれ』守り神のミスターとネコ。

こんな珍企画でも盛り上がれちゃうのが
『たけてれ』の魅力の一つかもしれませんね!

そして番組の最後には皆様から
ロゴ募集の告知をさせて頂きました!

TAKERU SATOH

Date: **09/21/2013**

Subject: 初心。

皆さんこんにちは！

季節は徐々に秋に向かっていますね。
季節の変わり目なので体調崩さないようにしてくださいね！

前置きはさておき、皆さんお待たせしていてすみません。
久しぶりの『るろうに剣心 京都大火編／伝説の最期編』の
現場レポートをお送りします！

さて、またまた長期地方ロケに来ている健。

その地のおいしい食べ物を頂き体力をつけ、
日々撮影に励んでいます！

今回は撮影の合間の一コマをご紹介。

休憩中、原作を読み返し、「緋村剣心」と向き合う健。

「初心」を忘れず、誠心誠意撮影に取り組む健でした☆

Date: **10/08/2013**

Subject: **今年も!**

皆さんこんにちは! 季節はすっかり秋ですね。
そんな実りの秋に素敵なお知らせです☆

今年も『SUPER ハンサム LIVE2013』の開催が決定しました♪
毎年恒例となっているハンサムLIVEですが、
LIVEやダンスに加えて今年はFILM上映が決定!
健はFILM出演致します! きっと素敵なLIVEになる事間違い無しです。
是非会場に足をお運び下さい☆

そしてそして、「佐藤健2014年カレンダー」発売が決定致しました♪

皆さんに大好評だった、ほぼ日めくり卓上カレンダー
「佐藤めくる」の第2弾と、壁掛けカレンダー「佐藤かける」の
2タイプを現在制作中です!

今回のカレンダーは、"めくる楽しさ"に加えて全体に
アート要素をちりばめ、様々なシチュエーションで撮影を行いました。

前作に比べより表情豊かな健を1年間充分に楽しんで頂ける、
遊び心のある作品となっております。

TAKERU SATOH

皆さんの毎日に素敵な彩りを加えられるような
カレンダーを届ける為、スタッフ心をこめて制作しております☆
次回のスタッフレポートもお楽しみに！

Date: **10/25/2013**

Subject: **想い。**

皆さんこんにちは♪ 季節はすっかり秋ですね。

健も秋らしく、現場でお月見したりしてますよ。笑
夜は肌寒くなってきたので皆さんも体調の管理は気をつけてくださいね!

さて、健は順調に『るろうに』の撮影に励んでおります!
最近は撮影だけでなく、取材のお仕事もさせて頂いております。

『るろうに剣心』についての取材、そして12月14日公開の
『カノジョは嘘を愛しすぎてる』の取材も多数受けさせて頂きました!

どちらも作品への熱い想いがこもった取材になりましたので、
皆さんのもとに届く日が楽しみです!
次回現場レポートもお楽しみに☆

TAKERU SATOH

Date: **11/06/2013**

Subject: **後半戦突入!**

皆さんこんにちは♪ 最近急に冷え込んできましたね。
体調管理には充分お気を付け下さい!

先日は『たけてれ』をご覧いただきありがとうございました!

初の本人不在の放送でしたが、
皆さんに楽しんで頂けた様で良かったです☆

さて、撮影もいよいよ後半戦!
『るろうに剣心』現場レポートをお送りします☆

後半戦に入り、緊張感の高い現場が続いております。

モニターを見つめる健の目もいつにも増して真剣そのもの。
現場の熱がこの一枚にも表れています!

これからラストスパートになりますが、
皆さんに素晴らしい作品が届けられる様に
健とスタッフ一同クランクアップまで駆け抜けたいと思っております!

締めは合間のオフショットで☆
以上、現場レポートをお送りしました!　次回もお楽しみに!

TAKERU SATOH

Date: **11/25/2013**

Subject: 完成！

皆さんこんにちは！

季節はすっかり冬ですね。
手洗いうがいをしっかりして元気に過ごしましょうね！

先日健主演、この冬一番のラブストーリー
『カノジョは嘘を愛しすぎてる』の完成披露試写会が行われました！

出演者舞台挨拶、映画上映他、劇中に登場するバンド「MUSH&Co.」
「CRUDE PLAY」のLIVEパフォーマンスなど会場は大盛り上がり☆

更に上映後、「CRUDE PLAY」に
健演じるサウンドクリエイター「小笠原 秋」（おがさわら あき）を
ベースに加えたサプライズLIVEも行われ
素晴らしい完成披露試写会になりました！

健自身久しぶりの楽器演奏という事で
直前まで念入りに練習を重ねていました！

健もスタッフも12月14日（土）の公開日が本当に待ち遠しいです♪
公開しましたら是非劇場まで足を運んでくださいね！
以上スタッフレポートでした！

TAKERU SATOH

Date: **11/30/2013**

Subject: 遂に発売!!

皆さんこんにちは!
明日から12月。
1年が過ぎるのは早いですね。

昨日、『6 1／2〜2007-2013 佐藤健の6年半〜 vol.1』が発売となりました!
2007年にスタートした、週刊TVガイドにて連載中の「タケルモード」。
連載コラム6年半に、クリエイティブディレクター箭内道彦さんによる
ディレクションで新たに撮り下ろしたグラビア＆インタビューを加えた、
とても読み応えのある本に仕上がりました!

ファンの皆様に、健のこの6年間を愛おしんで頂けるような
本を作りたいと、企画がスタートしました。

インタビューだけで5時間以上をかけて、300週にわたる全ての記事を
振り返りました。そうしたら予想以上のボリュームで、1冊に収まり切らず、
3冊になってしまいました……。

箭内さんと健のゆるーいトークがたっぷりと収録されています。笑
それらを読むだけでも、かなりのボリューム＆満足頂けること
間違いなしです!!

この写真は、健自身もお気に入りの野良猫とのカット。
見事に噛まれています。笑

TAKERU SATOH

健も納得の作品に仕上がりました。
6年半の歳月と、成長を感じられるこの3冊。
是非ご覧いただき、健の6年間を身近に置いてほしいです☆

Date: **12/04/2013**

Subject: 満身創痍。

皆さんこんにちは☆
先日は、『たけてれ』をご視聴いただき、ありがとうございました！
健の『たけてれ』への思い、そしてファンの皆様への思い、
伝わりましたでしょうか？

もう12月という事で年末ムードが高まってきました。
今年ももう終わってしまいますね……。
健はスピードを緩める事無く2013年を突っ走りますよ〜♪

さて、今回のスタッフレポートは、久しぶりの
『るろうに剣心 京都大火編／伝説の最後編』の
現場レポートです！

最近は、ラストの大事なシーンの撮影に日夜励んでおります。

正に満身創痍……。

長かった撮影もあと少しでクランクアップ。
少し寂しい気もしますが……。
最後まで全力で挑みます！

TAKERU SATOH

Date: **12/04/2013**

Subject: **サプライズゲスト!**

皆さんこんばんは☆

今日も外は乾燥してましたね。
乾燥対策をしっかりして忙しい年末を乗り切りましょう!

そんな中健は本日サプライズゲストで『FNS歌謡祭』に出演していました!

サプライズゲストだった為、皆さんに事前にお伝えできず、すみません。。

代わりといってはなんですが、控室での健をパシャリ☆

これから年末にかけて様々な番組でたくさんの表情の健が見られる事と
思いますので、お楽しみに!

以上スタッフレポートでした♪

TAKERU SATOH

BACK STAGE PASS

Date: **12/07/2013**

Subject: 『佐藤めくる展』スタート!

皆さんこんにちは☆

街はクリスマスモードが徐々に高まってきていますね!
そんな中、渋谷PARCOにて
本日から『佐藤めくる展』がスタートしました!

会場先行販売のグッズもあり、
初日からたくさんのお客様にお越し頂きました!

TAKERU SATOH

Date: **12/14/2013**

Subject: カノ嘘公開！！

皆さんこんにちは☆

ついに本日12月14日（土）、
健主演映画『カノジョは嘘を愛しすぎてる』が公開致しました！

初日の今日はTOHOシネマズ六本木ヒルズにて舞台挨拶を行い、
皆さんにご挨拶させて頂きました♪

会場がマッシュに染まる演出もあり、
大きな盛り上がりを見せました！！

会場の皆さんが持っていたマッシュでパシャリ☆

この冬一番のラブストーリー
『カノジョは嘘を愛しすぎてる』
是非劇場でご覧下さい！

TAKERU SATOH

Date: **12/19/2013**

Subject: 船上パーティー!

皆さんこんにちは☆ クリスマスも来週に迫り、
いよいよ冬本番となってきましたね!

先日、健は映画
「カノジョは嘘を愛しすぎてる 大ヒット御礼船上クリスマスパーティー」に
出席しました♪

なんと『カノ嘘』原作者の青木琴美先生より、
秋の描き下ろしイラストをサプライズで頂き、
少し早いクリスマスプレゼントに大喜びの健でした☆

そして、本日は『笑っていいとも!』テレフォンショッキングに出演しました!

本番前の緊張の面持ちの健をパシャリ☆

本番が始まると、得意の「ポカポンゲーム」でタモリさんと熱戦。笑
健自身も非常に楽しめた放送になりました♪

明日はラジオ放送
『佐藤健のオールナイトニッポンGOLD〜映画「カノ嘘」SP』もあります!
映画の魅力がたっぷり詰まった冬の夜になる事間違いなし!

是非是非チェックして下さいね☆

TAKERU SATOH

2013

Date: **12/30/2013**

Subject: **仕事納め!**

皆さんこんにちは☆ 2013年ももうすぐ終わりですね!
大掃除はもう済みましたか?

さて、先日は2ヶ月ぶりの生出演となった
『たけてれ vol.24』ご視聴頂きありがとうございました!!
ポカポンゲームを楽しむ健。笑

そして今回の放送では、
皆さんから大募集していた『たけてれ』の新ロゴも決定致しました!

こちらがグランプリを受賞した新ロゴです♪
応募して下さった皆さん本当にありがとうございました☆
皆さんで作る『たけてれ』ですので、
今後もたけてれ杯は開催していきたいと思っています!

そして今年も1年間佐藤健の応援、本当にありがとうございました!
皆様の支えがあるから健も、スタッフも毎年頑張れます。
どうか来年も応援宜しくお願い致します!
最後に、先日行われた大原櫻子さん"プレミアム感謝ライブ"に
出演した際の健をパシャリ☆

皆さん今年も本当にお世話になりました!
来年も応援宜しくお願い致します♪

TAKERU SATOH

Date: **01/14/2014**

Subject: クランクアップ！

遅くなりましたが、明けましておめでとうございます！
今年も佐藤健を宜しくお願い致します！

さて、本日は久々の『るろうに』現場レポートです♪

先日健は半年間の激闘を終え、
『るろうに剣心 京都大火編／伝説の最期編』を
無事クランクアップ致しました！

皆さんの応援のお陰で、この長く過酷な撮影を終える事が出来ました！

この撮影を支えてくれたスタッフさん、
応援して下さったファンの皆さん本当にありがとうございました！

剣心クランクアップのレポート、またお伝えします！

お楽しみに！

TAKERU SATOH

Date: **01/16/2014**

Subject: 振り返りレポ①

皆さんこんにちは！

今回も前回に引き続き、
『るろうに剣心』クランクアップレポートです！

現場画像と共に撮影を振り返ってみたいと思います。
今回の撮影は、このスタレポを見て下さる皆さんは
充分ご存じかと思いますが、半年間にも及ぶ撮影でしたので

天候に悩まされる日もあり
長時間にわたる撮影あり

日本中を飛びまわったり

本当に大変な毎日を過ごしていた
スタッフさん達に炊き出しをしたりと

撮影期間中、健含め映画に関わる全ての方が
全力で映画に向き合う、
そんな毎日でした。

TAKERU SATOH

Date: **01/21/2014**

Subject: 振り返りレポ②

皆さんこんにちは!

今回も『るろうに』の現場振り返りレポをお送りします!

過酷な撮影の中でも、集中力を切らさず、
どんな時でも緋村剣心として生きていました。

「最後まで無事に撮りきれないんじゃないか」
という不安と戦いつつも、誠実に役に向き合い続けた半年間。

健の役者人生において素晴らしい経験になった事と思います。

TAKERU SATOH

Date: **01/23/2014**

Subject: 振り返りレポ③

皆さんこんにちは!

今回が現場レポートは最終回! 『るろうに』現場レポートです!

約半年間、向き合い続けた
『るろうに剣心　京都大火編/伝説の最期編』。

この撮影を支えてくださったスタッフさん、
出演者の方々、延べ5000人にも及ぶエキストラの方々、
そして応援してくださっているファンの皆さまに感謝の気持ちでいっぱいです。

本当にありがとうございました!

たくさんの期待と想いが詰まった本作を
1人でも多くの人に観て頂きたいです!

今年の夏を是非是非お楽しみに☆

これにて以上! 『るろうに』振り返りレポでした!

Date: **01/31/2014 05:33:12 PM**

Subject: **重大発表☆**

皆さんこんにちは☆

先日は新年一発目の『たけてれ』ご視聴ありがとうございました！
新年らしい企画が盛り沢山でしたが、お楽しみ頂けましたでしょうか？
新ロゴのセットも登場し、どんどん秘密基地が派手になっていきますね。
たけてれと共にセットも成長しております。笑
そんなセットの中でたける渾身の書き初め。

本年度の目標は「グレーゾーン」

この意味を聞き逃した方は、レッツOKAWARI！笑
さてさてボリューム満点の『たけてれ』でしたが、笑
番組内で発表出来なかった重大発表が本日解禁になりました♪

なんと、、

佐藤健、フジテレビ4月クールドラマ『ビター・ブラッド』主演決定！！
共演に渡部篤郎さんを迎え、健が初の刑事役に挑みます！

皆さん春の放送をお楽しみに！！

TAKERU SATOH

Date: **02/13/2014**

Subject: **IN台湾!! ～前編～**

皆さんこんにちは☆　街はすっかり雪景色ですね!

そんな中健は、映画『カノジョは嘘を愛しすぎてる』が
台湾で2月14日に公開するという事で、
台湾の皆さんにご挨拶に行ってきました♪

1日目は台湾の皆さんに空港から温かい歓迎をして頂き、
その後、記者会見に臨みました!

その後、台湾の情報番組にも出演させて頂き、
台湾のお祝いの日には欠かせないお餅作りを体験。

1日目は番組のロケが2つも♪

餅作り体験後、移動して猫カフェにてインタビューロケ。

その後、夕食では健念願の火鍋を食べる事も出来、
台湾の夜を満喫しました☆

（後編に続く）

TAKERU SATOH

Date: **02/25/2014**

Subject: **IN台湾‼ ～後編～**

皆さんこんにちは☆

台湾レポートの後編をお送り致します。
2日目は今回の台湾プロモーションの目玉でもある、
カノ嘘プレミアムイベントに登壇させて頂きました‼

映画上映後、トークから始まり、ちょっとひねった○×ゲームや、
会場のお客さんと直接電話がつながるホットコールゲームなどをし、
会場が一体となった素晴らしいイベントになりました♪

健が飼っている猫、
こちろー＆ぷちろーの似顔絵入りキャップも頂いて、
健自身も思いっきりイベントを楽しんでいました‼

今回もたくさんの皆さまに温かく迎えて頂き、
本当に感謝しております☆

ありがとうございました！

TAKERU SATOH

Date: **03/20/2014**

Subject: **『ビター・ブラッド〜最悪で最強の親子刑事〜』現場レポ!!**

今回は健の初の刑事ドラマ
『ビター・ブラッド〜最悪で最強の親子刑事〜』の現場レポを
お届けしたいと思います!!

健は現在、都内各所にてフジテレビ火曜21時、
4月クールドラマ『ビター・ブラッド〜最悪で最強の親子刑事〜』を
絶賛撮影中です☆

銀座警察署を舞台に"親子バディ"が大活躍のこの物語。
スカッとするアクションシーンや、思わず笑ってしまうコメディ要素など
エンターテインメントに溢れた素敵なドラマとなっております♪

健も毎日楽しんで撮影に励んでおりますので、
4月からは健演じる「夏輝」(なつき)の活躍を是非お見逃しなく!!

そしてそして、明日3月21日(金)は
『たけてれ vol.27 〜 TAKERU25th 誕生日スペシャル!!
秘密基地を飛び出して、みんなでお祝い!!〜』の生放送です!

放送日は健の25歳の誕生日♪

しかし、当日はドラマ撮影の真っ最中。スタジオの一角に
『たけてれ』がお邪魔して、誕生日生配信いたします!

TAKERU SATOH

Date: **03/23/2014**

Subject: 誕生日に『たけてれ』生配信!!

皆さんこんにちは☆

先日は『たけてれ vol.27』のご視聴ありがとうございました!
ドラマ撮影の合間に生放送！　という前代未聞の試みでしたが、
無事健の誕生日を皆さんと一緒に祝う事が出来ました♪
ドラマ『ビター・ブラッド～最悪で最強の親子刑事～』の
スタッフの方々にも素敵なケーキをご用意頂き、お祝いして頂きました!!

そしてそして、お祝い写真館にたくさんの投稿ありがとうございました!!
番組でご紹介出来なかった方の作品も健は全て見させて頂き、
非常に喜んでいました☆ 本当にありがとうございます。

健にとって節目でもある25歳の誕生日を
最高の形で迎える事が出来ました!!

今年は『ビター・ブラッド～最悪で最強の親子刑事～』と、
『るろうに剣心 京都大火編／伝説の最期編』の公開が控えており、
健にとって更に成長した姿を皆さまにお届け出来る1年になる事と
思います♪

ファンの皆様にはこれからも佐藤健を共に支えて頂けたら幸いです。
25歳の佐藤健も何卒宜しくお願い致します!!

TAKERU SATOH

Date: **04/14/2014**

Subject: 『ビター・ブラッド〜最悪で最強の親子刑事〜』明日初回O.A.!!

皆さん、こんばんは!!

いよいよ明日に迫ったフジテレビ系
『ビター・ブラッド〜最悪で最強の親子刑事〜』初回O.A.ですが、
最新の現場レポをお届けしたいと思います☆

真剣にモニターチェック中の健!

この日は銀座署での早朝ロケ!
温かいココアを飲んでました!笑

健と桜!

まだまだ撮影が続いておりますが、
明日は初回O.A.ということで、
健は朝からフジテレビを電波ジャックします!

ぜひ早朝からチェックしてください!

TAKERU SATOH

Date: **04/16/2014**

Subject: 『ビター・ブラッド』初回O.A.

皆さん、こんばんは！

本日、健は『ビター・ブラッド』の初回O.A.のため、
朝からフジテレビを電波ジャックしておりました！

皆さん見ていただけましたでしょうか☆

そして夜には、静岡草薙球場で行われた、
読売ジャイアンツVS東京ヤクルトスワローズの
試合で始球式をしてきました！
その舞台裏をパパラッチ！！

練習中の健！　準備運動も欠かさずです！
いよいよ本番前！　少し緊張気味でしたが。。。

気になる結果は、、、
ぜひ、スポーツニュースをご覧ください！笑

O.A.初日皆さんいかがだったでしょうか。
来週の第2話もまた見てくださいね！

TAKERU SATOH

Date: **04/18/2014**

Subject: 撮影快調!!

皆さん、こんにちは!

先日の初回O.A.ご覧いただきありがとうございます!
『ビター・ブラッド』撮影快調です!!
引き続き、応援よろしくお願いします!!

第2話での撮影時のオフショットです♪

次回はどんな展開になるのか、
夏輝の活躍に乞うご期待☆

TAKERU SATOH

Date: **05/01/2014**

Subject: 『ビター・ブラッド』絶賛放送中!!

皆さん、こんにちは!!

先日のO.A.はいかがだったでしょうか。

事件解決に向けて全速力で走る夏輝をチェックしていただけましたか?
本日も、『ビター・ブラッド』の現場風景をお届け致します☆

この日の健は朝からダッシュのシーンを繰り返し撮影♪
途中タクシーに乗って休憩してました。笑

TAKERU SATOH

Date: **05/06/2014**

Subject: 『ビター・ブラッド』クランクアップ‼

皆さん、こんにちは‼
さて、本日は前回に引き続き『ビタブラ』現場レポートです♪

先日、健は約3ヶ月間の撮影を終え、
『ビター・ブラッド〜最悪で最強の親子刑事〜』を
無事クランクアップ致しました!

今作も、たくさんのスタッフ、キャスト、ファンの方々に支えられながら、
最後まで全力で夏輝を演じ切ることができました。

本当にありがとうございました‼

そして、いよいよ本日は『ビター・ブラッド〜最悪で最強の親子刑事〜』
第4話がO.A.となります☆

今回は、どんな展開が待っているのか、乞うご期待‼
引き続き、応援よろしくお願いします☆

TAKERU SATOH

BACK STAGE PASS

Date: **05/14/2014**

Subject: **Mayday PV出演**

皆さんこんにちは!!

この度、Maydayさんが歌う「Do You Ever Shine?」の
ミュージックビデオに 健が出演することが決定しました!!

また、この楽曲はフジテレビ系テレビドラマ
『ビター・ブラッド〜最悪で最強の親子刑事〜』の
主題歌にも起用されております☆

©フジテレビ

TAKERU SATOH

Date: **05/31/2014**

Subject: 『たけてれ vol.29』放送終了☆

皆さんこんにちは!!

本日は、20時から『たけてれ vol.29』を生放送でお届けしました!!

秘密基地からの生放送は今年の1月以来でしたが、
皆さんお楽しみいただけましたでしょうか?

そして、告知しておりました健からの重大発表は……

「たけてれDVD発売決定!」と
「写真集発売決定!」の2つでした〜!

詳細は6月6日（金）にオフィシャルHPにて、
発表させていただきます♪

次回の『たけてれ』も是非、お楽しみに☆

Date: **06/10/2014**

Subject: 『るろうに剣心 京都大火編／伝説の最期編』
レッドカーペットイベント☆

皆さんこんにちは!!

先日、六本木ヒルズアリーナにて、
『るろうに剣心』のレッドカーペットイベント が行われました!!

当日は、あいにくの大雨でしたが、
ファンの方々と直に触れ合うことができた、
健は終始ニコニコでした♪

るろうに剣心オフィシャルHPでも、
この模様が取り上げられていますので、
皆さん是非、チェックしてみてください。

公開は8月1日ともう少し先ですが
皆さんの応援、引き続きよろしくお願い致します!!

TAKERU SATOH

Date: **07/14/2014**

Subject: 『るろうに剣心 京都大火編／伝説の最期編』
地方キャンペーン☆

皆さんこんにちは!!

映画『バクマン。』の撮影が無事クランクアップし、
現在は、映画『るろうに剣心 京都大火編／伝説の最期編』の
プロモーション活動を行っております♪

先日はキャンペーンのため、
京都、大阪、名古屋、福岡、熊本へ行ってまいりました。
会場へお越しいただきました皆さま、ありがとうございました!!
7／10、浴衣での舞台挨拶のオフショット♪

親友のくまモンと♪

公開まで残り1ヶ月を切り、
これから益々、盛り上げていきますので、
皆さんの応援も引き続きよろしくお願いします!!

TAKERU SATOH

BACK STAGE PASS

Date: **07/24/2014**

Subject: 写真集・DVD発売 !!

本日より、佐藤健写真集
『ALTERNATIVE』と『たけてれDVD vol.1』が発売となりました!

約3年ぶりとなる今回の写真集は、南アフリカへの旅や、
『るろうに剣心』撮影現場の裏側など、1年にわたり健を追いかけた
見どころ満載の写真集となりました!

アクション練習や、アフレコ撮影など、
普段なかなか見られない健の姿を収めています。

また、ONE OK ROCKのTakaとの貴重な対談・撮り下ろしや、
作家・朝井リョウさんに書き下ろして頂いたエッセイ、
また数時間にわたる超ロングインタビューを掲載しております。

25歳の佐藤健を存分に知ることのできる見所満載の写真集です。

そして、初のたけてれDVDが発売となりました!
今までの放送を再編集し、未公開映像も
たくさん盛り込みました!
パッケージの制作にもこだわりました。
たけてれらしく遊び心たっぷりで、
是非手にとって楽しんで頂きたい一品です。
こちらも是非ご覧ください!

TAKERU SATOH

TAKERU SATOH | ALTERNATIVE

Date: **08/02/2014**

Subject: 『るろうに剣心〜京都大火編〜』公開初日舞台挨拶☆

『るろうに剣心〜京都大火編〜』がいよいよ公開初日を迎えました!!

公開を記念して昨日は新宿ピカデリーで
初日舞台挨拶をしてきました☆

ようやく皆様にこの映画をお届けできる日が来て、
本当に嬉しいです。

会場にお集まりいただいた皆さま、
全国の劇場に足をお運びいただいた皆さま、
本当にありがとうございました♪

観たいという方も、まだ観ていない方も、
もう一度劇場にお越し頂き、「今年の夏は、るろ剣の夏!!」にしてください!!

また、この日、フィリピンでアジアプレミアが
開催されることが決定しました!

『るろうに剣心』が、この夏をさらに熱く盛り上げます!

皆様応援の程よろしくお願いします☆

TAKERU SATOH

Date: **08/11/2014**

Subject: 「Rawlings」イメージキャラクター決定 !!

皆さんこんにちは!!

この度、健がベースボールアパレル
「ローリングスジャパン秋冬コレクション」の
イメージキャラクターに決定しました!!

2014年9月より全国の
スポーツショップ&野球専門ショップにて発売開始します♪

野球少年だった健が、
様々なコーディネートに挑戦していますので、
是非、店頭でチェックしてみてください☆

Date: **08/11/2014**

Subject: **日本全国10都市12回大ヒット御礼舞台挨拶ツアー☆**

皆さんこんにちは!!

映画『るろうに剣心〜京都大火編〜』の大ヒットを記念して、
皆さまへの感謝の気持ちをお伝えしに、日本全国10都市で
舞台挨拶を行ってきました!!

どこの会場でも、お越しいただいたお客さまが割れんばかりの
歓声で迎えてくださいました。 お越しいただいた皆さま、
温かく迎えてくださった劇場スタッフの方々、
本当にありがとうございました!!

また、舞台挨拶ではお客さまのユニークな質問や、
サプライズメッセージなどで大いに盛り上がり、
健も、「皆様が応援してくださったおかげでこうやって
舞台挨拶が出来ています!!」と心から感謝しておりました♪

明日は、フィリピン・マニラでのアジアプレミアの
現場レポートをお届けします!

お楽しみに☆

TAKERU SATOH

2014

Date: **08/12/2014**

Subject: 『るろうに剣心～京都大火編～』
アジアプレミア in フィリピン♪

皆さんこんにちは!!

昨日に引き続き、今日は『るろうに剣心～京都大火編～』の
アジアプレミアの現場レポートをお届けします!

1日目のレッドカーペットイベントでは、なんと5000人以上の
ファンの方々から歓声とともに迎えられ、会場は大いに盛り上がり、
すごい熱気に包まれました!

また、健もステージ上では事前に頑張って練習した、
現地のタガログ語で挨拶をし、ファンの方々との
交流を非常に喜んでおりました☆

フィリピンで「ジープニー」と呼ばれる乗合いタクシー!
運転手の方が大の『るろ剣』ファンとのこと!

移動中の車で必死にタガログ語を練習する健!!笑

温かく迎えてくださったフィリピンの方々、
本当にありがとうございました!!

TAKERU SATOH

Date: **08/20/2014**

Subject: **写真集 & DVD 発売記念トークショーイベント♪**

皆さんこんにちは!!

今回は、昨日行われました写真集&DVD発売記念
トークショーイベントの模様をレポート致します☆

当日は、皆さまからお送りいただいた
「たけてれDVD」のオモシロ落書きや、
南アフリカで撮った写真集には載っていない
特別カットの思い出トークなどで、
大いに盛り上がりました!!

TAKERU SATOH

Date: **09/04/2014**

Subject: 『るろうに剣心〜伝説の最期編〜』世界最速上映

皆さん、こんにちは!

昨日、健は新宿ピカデリーにて行われました
『るろうに剣心〜伝説の最期編〜』
世界最速上映会のイベントに参加して来ました!

当日は舞台挨拶終了後に観客の皆さまと一緒に
映画を観るというサプライズがありました♪

上映後はスタンディングオベーションの中、
改めて舞台に登壇し
「今日観てくださった方、一人一人とゆっくり話をしたい気分!」と
嬉しさを爆発させていました!笑

会場にお越しいただいた皆さま、
本当にありがとうございました!

『伝説の最期編』の公開がいよいよ来週に迫り、
さらなる『るろ剣』ブームを巻き起こすため、
引き続き応援よろしくお願い致します☆

TAKERU SATOH

Date: **09/16/2014**

Subject: 『るろうに剣心～伝説の最期編～』初日舞台挨拶 !!

皆さんこんにちは!!

今回は、9月13日に行われました『るろうに剣心～伝説の最期編～』
公開初日舞台挨拶の様子をレポート致します☆

いよいよ公開となった『伝説の最期編』ですが、
もうご覧になっていただけたでしょうか。

当日の舞台挨拶では、
「今回の作品を本当の意味で"伝説"にできたら嬉しいです。
その為には皆さんの協力が必要です。どうか力を貸してください!」と
意気込みを語りました☆

『るろうに剣心 京都大火編／伝説の最期編』是非、
劇場でご覧ください!!

TAKERU SATOH

2014

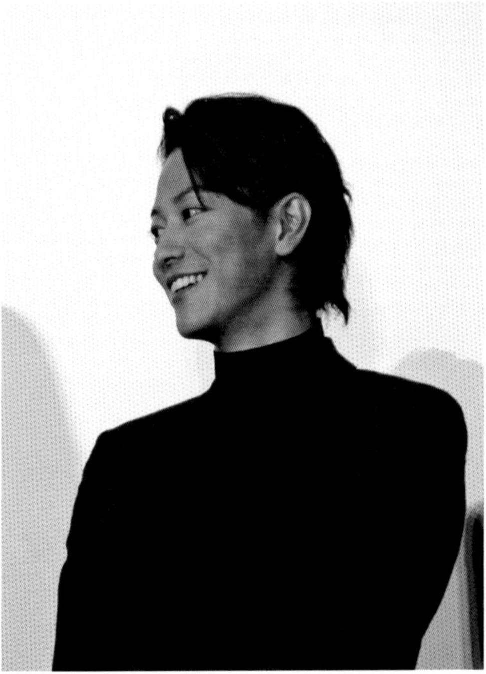

Date: **09/26/2014**

Subject: 『たけてれ vol.32』放送終了☆

皆さんこんにちは!!

9月24日 (水) は『たけてれ vol.32』を
久しぶりの生放送でお届けしました!!

今回は、ゲストに長尾卓也さんを迎え、
現在公開中の映画『るろうに剣心』で訪れた
各地の舞台挨拶の時の映像などを見ていただきましたが、
お楽しみいただけましたでしょうか?

また重大発表として、
2015年カレンダー「佐藤めくる」発売決定のお知らせや、
佐藤健写真展「佐藤健 写真と巡る "るろう" の旅」の
お知らせなどがありました!!　皆様、是非お楽しみに!!

「詳細は追って連絡します。笑」byたける

Date: **11/01/2014**

Subject: 『世界から猫が消えたなら』現場レポート!!

皆さんこんにちは!!
健は今、映画『世界から猫が消えたなら』の撮影に入っています。
今回は現場の様子をお届けします☆

映画のタイトルにもあるように、
今回の作品は猫が大事な役割を担っています!
猫好きな健は、休憩中も常に猫と戯れています♪

休憩中に猫を寝かしつける健!

猫を抱き抱える笑顔の健をパシャリ☆

次回も引き続き『世界から猫が消えたなら』の
現場レポートをお届けします!!

是非、お楽しみに♪

TAKERU SATOH

Date: **12/03/2014**

Subject: **『世界から猫が消えたなら』クランクアップ!!**

皆さんこんにちは!!

健は、非常に暑い中行われた、アルゼンチンロケの過酷な撮影も終え、
映画『世界から猫が消えたなら』を無事にクランクアップ致しました!!

今作も、たくさんのスタッフ、キャスト、ファンの方々に支えられながら、
最後まで撮影を乗り切る事ができました。

本当にありがとうございました!!

公開はまだまだ先の予定ですが、
皆様の応援引き続きよろしくお願い致します☆

そして、先日放送された『たけてれ vol.33』では、
健不在の中、小関裕太君と松岡広大君に秘密基地に遊びにきてもらい、
「第2回! 健さんならこうするクイズ!!」を開催しましたが、
いかがでしたでしょうか。

皆さんはもちろん全問正解ですよね♪

見逃した方はもちろん、もう一度見たい! という方も是非、
ストラボにてLet's「おかわり」☆

TAKERU SATOH

2014

Date: **12/31/2014**

Subject: **2014 年ありがとうございました!**

皆さんこんばんは!

2014年も間もなく終わりますね。
今年はドラマ『ビター・ブラッド』から始まり、映画『バクマン。』撮影、
映画『るろうに剣心 京都大火編／伝説の最期編』公開、
映画『世界から猫が消えたなら』撮影と、
目まぐるしく駆け抜けた一年でした。

皆さんの温かい声援があったからこそ頑張ることができました。
本当にありがとうございました!

来年4月から始まるTBS日曜劇場『天皇の料理番』も
きっと楽しんで頂ける作品になると思います。

これからしばらくは秋山篤蔵さんと向き合う日々が続きます。
夢を叶えるために邁進するとっても魅力的な人物です。

今回の撮影のために夏から料理の練習も続けてきました。
いつも仕事に一切妥協のない健ですが、
その姿は篤蔵さんに通じるものがあるのではないかと思います。

TAKERU SATOH

2014

素敵な作品になると思います！
ご覧いただける日が来るのがとても楽しみです。

どうか皆さまにとって素敵な一年になりますように。

来年もどうぞよろしくお願いします☆

Date: **01/12/2015**

Subject: **2014年振り返りレポート!!**

皆さんこんにちは!!　そして明けましておめでとうございます。

2014年は沢山の応援をしていただき、ありがとうございました。皆さんのおかげで昨年も健にとって、とても充実した一年になりました!!

そこで今回は、2014年健のお仕事をまとめてみました☆

■ドラマ『ビター・ブラッド』初の刑事役でしたが、皆さんいかがでしたでしょうか?　夏輝のちょっと頼りないけど、それでも何事にも全力で取り組む姿、とても素敵でしたよね?

■映画『バクマン。』撮影マンガ家を目指す高校生役を演じました!

皆さん、公開をお楽しみに!!

■映画『るろうに剣心 京都大火編／伝説の最期編』公開。2014年は健にとって『るろうに剣心』の年と言っても過言では無いくらい皆さんに応援して頂き、多くの方に愛される映画となりました!!

■映画『世界から猫が消えたなら』撮影。今作では、僕と悪魔の一人二役を演じました♪　現場ではいつもキャベツと遊んでいた健。

世界から猫が消えたなら、、、健は悲しむと思います。笑

■ドラマ『天皇の料理番』現在、絶賛撮影中のドラマです!!

難しい料理練習も頑張っております。ご期待ください!

昨年は多くの素晴らしい作品と出会い、素敵なキャスト、スタッフの方々に支えていただき、全ての撮影を無事に乗り切る事ができました。そして何よりいつも応援してくださる皆さんの温かい声援に支えられ、実りの多き一年を過ごす事ができました!　本当に本当にありがとうございました!!!!　今年もさらなる活躍ができるよう頑張って参りますので、2015年も引き続き、応援を宜しくお願い致します☆

TAKERU SATOH

Date: **01/18/2015**

Subject: **新年一発目『たけてれ vol.34』放送終了☆**

皆さんこんにちは!!

1月14日（水）に生放送でお届けした
『たけてれ vol.34』はいかがだったでしょうか!?
今回は年始恒例の書き初めのコーナーで
盛り上がりました!
健が今年書いた文字は「新居」!
早く良い物件が見つかるといいですね……笑

そして、お馴染みのコーナー「ちょいハピ」に
ご応募いただいた皆さん
本当にありがとうございました!
新年から素敵な「ちょいハピ」ばかりで
健の心も温まりました!

次回の『たけてれ』も是非お楽しみに!!

TAKERU SATOH

Date: **02/26/2015**

Subject: **『天皇の料理番』絶賛撮影中 !!**

皆さんこんにちは、今回は絶賛撮影中の
4月スタートTBSドラマ『天皇の料理番』の
撮影現場をレポートします☆
ロケ現場で、寒い中真剣に台本を読み込む健をパシャリ☆

初の料理人役に挑む健ですが、
撮影の合間にも時間を見つけては、
ひたむきに料理練習を重ねております。
現場には、絆創膏が欠かせません……

O.A.は4月とまだ先ですが、
引き続き応援よろしくお願いします!!
健が必死に練習している包丁さばきもお楽しみに!!
次回も『天皇の料理番』の撮影現場を
レポートしたいと思います♪

TAKERU SATOH

Date: **03/22/2015**

Subject: **『たけてれ Vol.35 〜佐藤健 26 歳 バースデー SP 〜』放送終了 !!**

皆さんこんにちは !!　昨日、生放送でお届けした
『たけてれ vol.35』お楽しみいただけましたでしょうか !?
皆さんと一緒に26歳の誕生日をお祝いすることができました！
たくさんのお祝いメッセージ、写真、
本当にありがとうございました。放送では紹介し切れなかった
作品も全て見させていただき、健も大喜びでした♪

なんと小関くんは、3年連続の誕生日ゲスト！笑
26歳、アラサーになった佐藤健です。
これからもどうぞよろしくお願いします☆

Date: **03/25/2015**

Subject: みなさんこんにちは！

健は今マカオで行われている
ASIAN FILM AWARDSに出席しています。

『るろうに剣心 伝説の最期編』にて
主演男優賞にノミネートして頂きました。

BACK STAGE PASS

Date: **05/09/2015**

Subject: 『天皇の料理番』撮影レポート!!

皆さんこんにちは、現在放送中のTBSドラマ『天皇の料理番』は楽しんでいただけてますでしょうか!?
今回も、『天皇の料理番』の現場風景をお届け致します☆

ロケ現場で、猫と戯れる健をパシャリ!!

セーヌ川と健☆

撮影現場で誕生日のお祝いをしていただきました!!

制作発表での健、皆さん見ていただいてましたか!?

撮影もいよいよ終盤に差し掛かり、
タケルは毎日、秋山篤蔵さんを真心込めて演じています!!
皆さん引き続き応援よろしくお願いします!!

TAKERU SATOH

Date: **06/04/2015**

Subject: 『たけてれ Vol.37』放送終了 !!

皆さんこんにちは!!

昨日お届けした『たけてれ vol.37』は
ご覧いただけましたでしょうか!?

今回は、お馴染みのコーナー「ちょいハピ」と
『天皇の料理番』に絡めた「どやっじゃ」のコーナーで
大いに盛り上がりました!

皆さんの「どやっじゃ」の使い方は合っていましたでしょうか?

個性的な使い方ばかりで、健も感心の様子でしたね……笑

ご応募いただいた皆さん、本当にありがとうございました!!

Date: **07/12/2015**

Subject: 『天皇の料理番』最終回 振り返りレポート !!

皆さんこんばんは!!

本日いよいよ最終回を迎える『天皇の料理番』の
クランクアップの瞬間を振り返りたいと思います☆

約半年間の撮影を終え、いよいよ本日が最終回になります!!

スタッフ、キャスト、そして何より放送を楽しみにしてくださっていたファ
ンの方々に支えられ、秋山篤蔵という役を
最後まで真心を込めて演じ切ることが出来ました。

本人にとっても大きな挑戦であった今作を
是非、最後まで応援してください♪

TAKERU SATOH

Date: **08/06/2015**

Subject: 『たけてれ DVD Vol.2』
ジャケットビジュアル公開 !!

皆さんこんばんは!!

遂に『たけてれDVD Vol.2』の
ジャケットビジュアルが公開致しました!!

『たけてれDVD』も今回で第2弾となり、『たけてれDVD』でしか
観ることの出来ない貴重な未公開映像など、
内容も更にパワーアップしております♪

今回のジャケットは、たけてれらしく遊び心に溢れた
作りとなっておりますので、是非、お手元に届くのをお楽しみに♪

『たけてれ』でしか見られない健の無邪気な姿をお楽しみに!!

Date: **09/09/2015**

Subject: 『たけてれ Vol.38』放送終了!!

皆さんこんにちは!!

久しぶりの生放送でお届けした『たけてれ vol.38』は
ご覧いただけましたでしょうか!?

今回は「たけてれDVD Vol.2発売記念！ 覚えていますか名場面!」の
コーナーで 大いに盛り上がりました!

皆さんは全問分かりましたか?

そして、今回はお馴染みのコーナー「ちょいハピ」も
久しぶりにお届けしましたが、楽しんでもらえましたでしょうか?

素敵な「ちょいハピ」ばかりで健も嬉しそうでした♪

ご応募いただいた皆さん、本当にありがとうございました!!

TAKERU SATOH

Date: **09/15/2015**

Subject: 『バクマン。』完成披露試写会レポート!!

皆さんこんにちは!!

今回は、9月8日に行われました映画『バクマン。』
完成披露試写会の様子をレポート致します☆

今回が、皆様に映画『バクマン。』を初めて観ていただく
イベントでしたが、ご来場いただいた皆さん
いかがだったでしょうか?

楽しんでいただけましたか?

ご覧頂けた方は、「バクマン。宣伝隊」として、是非是非周りの方々
にも広めてくださいね♪　当日はあいにくの大雨でしたが、皆さんの
おかげで大いに盛り上がりました!

今回のイベントを皮切りに10月3日公開『バクマン。』を
どんどんと盛り上げていきます☆

テレビ番組や雑誌なども、チェックしてくださいね!
引き続き、応援よろしくお願い致します♪

TAKERU SATOH

Date: **09/25/2015**

Subject: 『バクマン。』高校生限定！　友情試写会イベント!!

皆さんこんにちは!

9月23日に行われました『バクマン。』高校生限定!
友情試写会イベント!!の様子をレポート致します☆

今回は高校生限定のイベントで、ご来場いただいた
高校生たちの熱い友情エピソードを発表してもらいました。

また、この日は2人の"友情度"テストとしてお題に合わせて相手が
何を考えているか正解を当てるクイズも行いました♪

健、神木さんコンビは3問中なんと2問も正解!!
見事な"友情度"を見せてくれました♪

高校生たちの圧倒的なパワーをもらい、
健も表情が若返ってましたね。笑

ご来場いただいた皆さん本当にありがとうございました!!

TAKERU SATOH

Date: **10/03/2015**

Subject: **『バクマン。』公開初日舞台挨拶!!**

皆さんこんにちは!! 今回は、本日行われました。
映画『バクマン。』公開初日舞台挨拶の様子を
レポート致します☆

いよいよ公開となった映画『バクマン。』ですが、本日の舞台挨拶で
健は「こんなにも新しいことにチャレンジしている素敵な映画に出演
させていただいて、監督、キャストの皆さんに感謝しています。皆様
にいつまでもこの作品を愛していただきたいです!」と、『バクマン。』
にかけた思いを熱く語りました☆

そして、「公開直前! バクマン。スペシャル!」ということで 10月1日
に生放送でお届けした『たけてれ vol.39』も皆さんご覧いただけま
したか?

今回はゲストに神木隆之介さんを迎え「今更アンケートトーク」やジェ
ンガトークのコーナー」など 二人だからこそ話せる『バクマン。』の裏
話や、お互いに思っていたことをたっぷりと語っていただきました!
質問を送ってくださった皆さん本当にありがとうございました☆

映画『バクマン。』本日公開です!
是非、劇場で楽しんでください♪

TAKERU SATOH

Date: **10/08/2015**

Subject: 「釜山国際映画祭」現場レポート!!

皆さんこんにちは!!

今回は、先日行われました「釜山国際映画祭」の
様子をレポート致します☆

今回、健は釜山国際映画祭の中で行われた
「アジアキャスティングマーケット」という部門に
参加させていただきました!

日中韓の俳優が集まったトークショーの場面では
「この日集まった6人が、この日をきっかけに一緒に
作品を制作できたら本当に素晴らしい」と、
アジアでの活動意欲を熱く語りました♪

TAKERU SATOH

Date: **10/13/2015**

Subject: **全国BAKU走1MAN。人舞台挨拶!**

皆さんこんにちは!!

今回は、昨日無事に終了しました、
映画『バクマン。』の大ヒット御礼、全国BAKU走1MAN。人舞台
挨拶! の様子をレポート致します☆

今回の舞台挨拶では、福岡〜広島〜西宮〜大阪〜名古屋〜札幌〜
仙台〜埼玉〜東京と3日間で9ヶ所、計23回もの
舞台挨拶をし、1万人以上のお客さんに直接感謝の気持ちを
お伝えすることができました。

今回の舞台挨拶で健は「今回の映画は自信を持って皆さんに観てい
ただきたいと思える作品となりました。
その為には皆さんの協力が必要で、少しでも良かったと感じてもらえ
たのなら、その気持ちを周りの方々に伝えて欲しい」と
『バクマン。』にかけた思いを語りました♪

ご来場いただいた、皆さん本当にありがとうございました!!

TAKERU SATOH

Date: **10/21/2015**

Subject: 東京ドラマアウォード 2015 ☆

東京ドラマアウォードにて、
主演男優賞を受賞致しました!

TAKERU SATOH

Date: **10/21/2015**

Subject: 東京ドラマアウォード 2015 ②

俊子と兄やんと久々の再会!
3人そろっての受賞となりました♪

TAKERU SATOH

Date: **10/21/2015**

Subject: 東京ドラマアウォード 2015 ③

取材中の健☆

「今回は、個人賞と作品賞の両方を受賞させていただき、久々にプロデューサーや脚本家の方とも、このような素敵な場で再会できて、すごく幸せを感じました」と喜びのコメントを語りました!

TAKERU SATOH

Date: **11/11/2015**

Subject: 『たけてれ vol.40』放送終了 !!

皆さんこんにちは、

記念すべき40回を迎えた『たけてれ』ですが、
いかがだったでしょうか?

楽しんでいただけましたか?

次回もお楽しみに !!

Date: **11/14/2015**

Subject: 「SUUPAA JAPAN」イベントレポート!

「SUUPAA JAPAN」イベントレポート!

皆さんこんにちは!

シンガポールで「WAKUWAKU JAPAN」開局記念イベント
「SUUPAA JAPAN」に参加しました! シンガポール、マレーシア、
インドネシア、中国などなど、お越しいただいた皆さま、
本当にありがとうございました!

Date: **11/17/2015**

Subject: 木の下で。

佐藤健2016カレンダー、
中国での予約も開始しました★

カレンダーオフショットです(^^)
物思いに耽るタケルさん。

2015

Date: **11/26/2015**

Subject: 2016 カレンダー♬

写真はシンガポールでの
オフショットです(^^)

Date: **12/24/2015**

Subject: **メリークリスマス★**

12月28日（月）は『たけてれ vol.41』の放送ですよ〜！

今年の未公開VTRを一挙蔵出し！ 『バクマン。』
プロモーションに密着したVTRや、シンガポールでの
トークショーの様子など、未公開映像盛りだくさんです♪

TAKERU SATOH

Date: **12/31/2015**

Subject: 今年もありがとうございました★

2015年も残りわずかとなりました。

今年も皆様からの温かい応援、
本当にありがとうございました。

皆様に素敵な一年が訪れますように☆彡

TAKERU SATOH

Date: **01/05/2016**

Subject: 明けましておめでとうございます!

今年もどうぞよろしくお願いします!

2016年、仕事始めはペルーにて。

TAKERU SATOH

2016

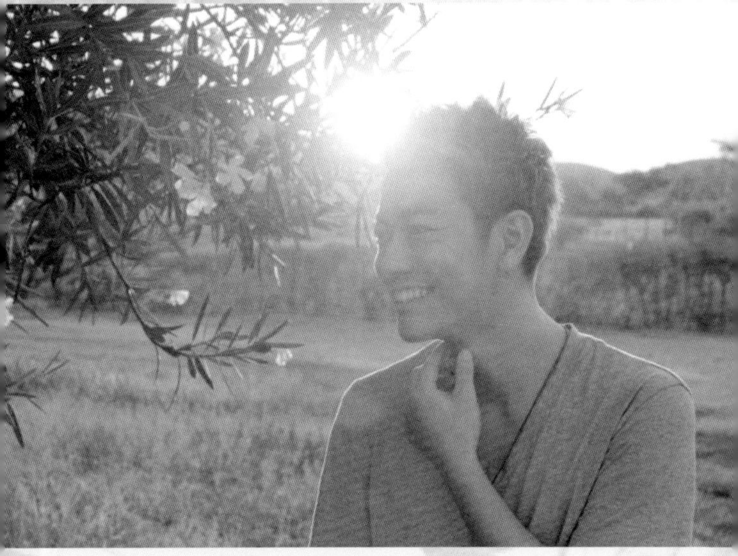

Date: **01/21/2016**

Subject: 猫年 =^._^= ∫

5／14（土）公開
映画『世界から猫が消えたなら』
完成報告会に出席しました！

今年は猫年です！ =^._^= ∫

Date: **01/29/2016**

Subject: 『たけてれ vol.42』

昨日は2016年初めての『たけてれ』でした!

今年の抱負は……なんと「新技」!

次回の『たけてれ』で新技は見られるのでしょうか……?

お楽しみに☆

2016

Date: **02/14/2016**

Subject: 『せか猫』大ヒット祈願

本日は、映画『世界から猫が消えたなら』の
大ヒット祈願イベントでした。

招き猫発祥の地とされている今戸神社で、
沢山の方が『せか猫』に招かれるよう
お願いをしてきました!

大荒れだった天気も、健が着いた時にはなんと快晴に。
健の晴れ男ぶりが発揮されました♪

TAKERU SATOH

2016

Date: **03/05/2016**

Subject: **『せか猫』劇場前売り券発売開始!**

あらゆる世代の胸を打つ、やさしい愛の物語——

100万部突破の感涙ベストセラー『せか猫』が映画化。

日本のトップクリエイターたちが自信を持ってお贈りする
「2016年、最も泣ける感動映画」が誕生しました!

TAKERU SATOH

Date: **03/21/2016**

Subject: 27 歳に

本日27歳になりました!

『何者』の現場でお祝いして頂きました♪

TAKERU SATOH

HAPPY BIRTHDAY

I'm 27 years old!

Date: **03/29/2016**

Subject: 『何者』クランクアップ！

ついに、映画『何者』の撮影が終了しました！

公開は2016年10月15日（土）。
ご期待ください！

※写真は本日の取材時の1枚です

Date: **03/31/2016**

Subject: 『たけてれ vol.43』終了!

昨日は『たけてれ vol.43』の放送日でした。

楽しんで頂けましたか?

27歳をお祝いできました♪

これからも、どうぞよろしくお願い致します!

Date: **04/21/2016**

Subject: 『せか猫』完成披露舞台挨拶!

4／18（月）に映画『世界から猫が消えたなら』の
完成披露舞台挨拶が行われました。

健「これは希望の映画です。この作品が、今、つらい状況にいる方々の、
少しでも励みに、力になればいいなと願っています」

2016

Date: **05/02/2016**

Subject: 『せか猫』イベント試写会

昨日5／1（日）
『せか猫』のイベント試写会が行われました！

宮﨑あおいさんとHARUHIさんと一緒に。

BACK STAGE PASS

Date: **05/07/2016**

Subject: 『たけてれ vol.44』終了!

昨日は『たけてれ vol.44』の放送日でした!

健の公式LINEアカウントと
スタンプ「たけるとねこ」の話題で
盛り上がりました!

最下位スタンプ、
皆様でなんとか人気者にしてあげて下さい (^^)

TAKERU SATOH

Date: **05/11/2016**

Subject: ## 第24回橋田賞受賞!

ドラマ『天皇の料理番』での演技を評価して頂き、
第24回橋田賞を頂くことができました!

「今後も見てくださる方々の心に深く残る作品作りを
目指して精進していければと思います」と
喜びを語りました。

Date: **05/15/2016**

Subject: **映画『せか猫』公開初日!**

昨日、映画『世界から猫が消えたなら』が、
公開初日を迎えました!

初日からたくさんの方にご覧頂きました。

あなたにとって、大切な、
世界から消えてほしくない映画になってほしいです。

TAKERU SATOH

BACK STAGE PASS

PASS AREA GUIDE

Date: **05/15/2016**

Subject: 『せか猫』大阪舞台挨拶！

映画公開の翌日の今日、
映画『せか猫』大阪舞台挨拶のため、
なんばと梅田に行って参りました。

お越し頂いた皆様ありがとうございました！

写真は、大阪のお客様と一緒に！

TAKERU SATOH

Date: **05/25/2016**

Subject: 『せか猫』×渋谷

現在、渋谷駅前に
映画『世界から猫が消えたなら』の
大きなボードが掲出されています!

昨日は渋谷TSUTAYAの
『せか猫』看板にサインをさせて頂きました!

お近くにお越しの際はお立ち寄りください☆

Date: **05/25/2016**

Subject: 『せか猫』大ヒット御礼舞台挨拶

昨日は映画『せか猫』の
大ヒット御礼舞台挨拶でした♪

既に何度も観てくださっている
お客様もたくさんいらして、
健も宮﨑さんも本当に嬉しそうでした。

これからも、『せか猫』をお願い致します☆

TAKERU SATOH

Date: **05/29/2016**

Subject: 川崎・新宿・六本木 ねこ舞台挨拶!

昨日は川崎、本日は新宿・六本木にて、
映画『世界から猫が消えたなら』の舞台挨拶に
健が登壇しました!

お越し頂きました皆様、
ありがとうございました!!

そして、本日の舞台挨拶を持ちまして、
『せか猫』の宣伝活動が終了となります。

映画を観てくださった方々、
この映画を愛してくださった方々、
本当にありがとうございます。
これからも、映画『世界から猫が消えたなら』を
よろしくお願い致します☆

Date: **05/31/2016**

Subject: **『せか猫』オフィシャルフォトブック**

映画『世界から猫が消えたなら』
オフィシャルフォトブック
只今発売中!

健の撮り下ろしショットだけでなく、
映画の劇中カットやメイキングカットも
ふんだんに収録されております♪

映画をご覧になった方はもちろん、
まだご覧になってない方でも、
お楽しみ頂ける内容となっております☆

まだお持ちでない方はぜひ!

Date: **06/14/2016**

Subject: 『たけてれ vol.45』終了!

昨日は『たけてれ vol.45』の放送日でした!
今回、セットをリニューアルしました!!

少し「大人」な『たけてれ』になりました。
グッズとスタンプも、是非皆さん使ってください☆

Date: **06/30/2016**

Subject: 写真集『X (ten)』&
『たけてれ DVD vol.3』発売!

佐藤健10th ANNIVERSARY YEAR
佐藤健写真集+DVDブック『X (ten)』と
『たけてれDVD vol.3』2016年9月12日(月)同時発売!!

今年2016年、健のデビュー10周年を記念して、
南米・ウユニ塩湖で撮影した写真集と、
ドキュメントムービーを収録したDVD付き
豪華版ブックが完成しました!

また、2015年9月から2016年5月までの放送をまとめ、
名場面集を集めた
『たけてれDVD vol.3』をリリースします!

TAKERU SATOH

2016

Date: **07/06/2016**

Subject: **第42回 放送文化基金賞 授賞式**

この度、健が主演を務めた『天皇の料理番』で、
第42回 放送文化基金賞
番組部門 演技賞を受賞しました!

また『天皇の料理番』は
テレビドラマ番組 優秀賞を受賞しました!

「作品にとらせてもらった賞だと思います。
今後もこの作品や頂いた賞に恥じぬよう、
仕事に励んでいきたいです」

TAKERU SATOH

2016

四十二回 放送文化基金賞贈呈式

Date: **07/08/2016**

Subject: 熊本

映画『るろうに剣心』の撮影では、
熊本の皆様に大変お世話になりました。

今回はその熊本でトークショーをさせて頂きました!

写真は熊本市立総合ビジネス専門学校、
熊本県立第二高等学校、益城町の皆様と!

Date: **08/01/2016**

Subject: **『たけてれ DVDvol.3』ジャケット &
初回限定版特典同時解禁!**

今回は遊び心たっぷりの
ポップなジャケットとなりました☆

さらに初回限定版特典は、
これまでの『たけてれ』vol.1、vol.2、
そして今回発売のvol.3を収納できる
豪華BOXとなっております♪

Date: **08/02/2016**

Subject: 『たけてれ vol.46』終了!

昨日は『たけてれ vol.46』の放送日でした♪

夏のSPロケ企画
「たけてれpresents夏休みBBQ大会」は
いかがでしたか?!

直前まで降水確率80%でしたが、
当日はまさかのカンカン照り。

絶好のBBQ日和となりました!

※松島さん、向こうをむいていますが、カメラはこちらです!(笑)

Date: **08/07/2016**

Subject: 『何者』取材日

本日は映画『何者』の取材日でした♪

三浦大輔監督、朝井リョウさん、
そして菅田将暉さんと一緒に雑誌の取材を受けてきました!

先日ようやく完成した作品を目にしました。
キャスト、スタッフ、皆手応えを感じる作品となっています。
皆様の元へ届くのが本当に楽しみです。

これから、徐々に『何者』の露出が増えていきます。
是非ご注目ください!

菅田将暉さんとの2ショットです☆

Date: **09/02/2016**

Subject: **8／30 映画『何者』完成披露試写会**

8／30(火) は、
映画『何者』の完成披露試写会でした!

お越し頂いた皆様、
ありがとうございました♪

キャスト6名が登壇し、
華やかな舞台挨拶となりました☆

映画『何者』をご覧になった方々は、
どのような感想を持たれたのでしょうか。

Date: **09/02/2016**

Subject: 『たけてれ vol.47』終了!

昨日は『たけてれ vol.47』の放送日でした!

写真集+DVDブック『X (ten)』の予告映像は、
いかがでしたでしょうか♪

そして、LINEスタンプ制作プロジェクトは、
果たしてどうなるのでしょうか。

次回もご期待ください☆

Date: **09/10/2016**

Subject: **ソフトバンク新CMに出演！**

ソフトバンクの白戸家に
健が「弟役・つよし」として家族に加わりました☆

ギガちゃんと撮った1枚がこちら♪

TAKERU SATOH

2016

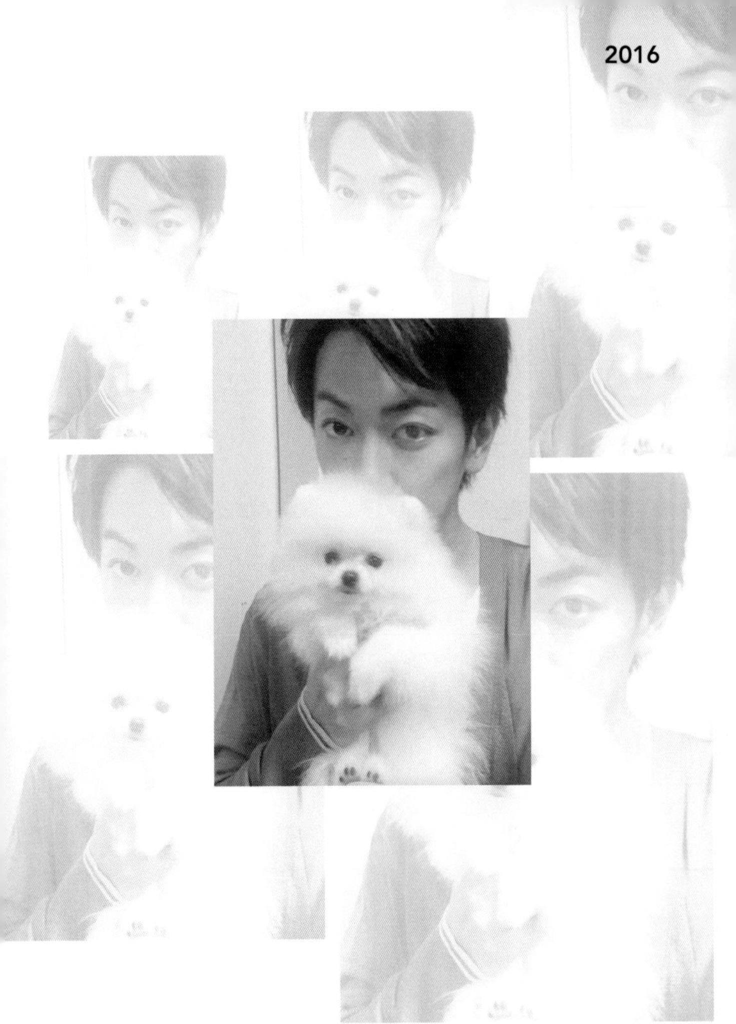

Date: **09/17/2016**

Subject: ## 写真展本日START!!

本日より丸の内の新丸ビル・丸ビルにて、
佐藤健写真展がスタートしました♪

初日からお越し頂きました皆様ありがとうございます。

写真集＋DVDブック『X (ten)』の未公開カットが盛りだくさん！

ウユニ塩湖の素晴らしい景色を存分にお楽しみください！

Date: **09/28/2016**

Subject: **写真展 本日 START!!**

10周年記念写真展!

佐藤健デビュー10周年記念写真展が終了しました!
新丸ビル・丸ビル両会場とも、沢山の方にお越し頂きまして、
本当にありがとうございました☆

9／30(金)からは名古屋会場がスタートしますので
お近くの方は是非お越しください!

TAKERU SATOH

Date: **10/05/2016**

Subject: 『スッキリ』サプライズ出演!

本日はNTV系『スッキリ』の、
朝井リョウさんの特集にサプライズで出演させて頂きました!

友人でもある健から見た朝井リョウさんの魅力に
ついてお話ししてきました。

TAKERU SATOH

Date: **10/06/2016**

Subject: 映画『何者』ガールズ試写会

本日は、有村架純さんと一緒に『何者』女子限定の
「ガールズ試写会」に登壇しました☆

有村さんと、そして会場の皆さんとの
「女子トーク」盛り上がりました。

映画をご覧になった皆さんは、
"冷静分析系男子"のことをより好きになるでしょうか……

有村さんとの2ショット!

Date: **10/10/2016**

Subject: **福井工業大学学園祭「激動」**

デビュー10周年記念学園祭ツアー
「佐藤健、学園祭に行くってよ。」が
ついにスタートしました!

初日は福井工業大学。
お越し頂いた皆様、本当にありがとうございました!
楽しんで頂けましたでしょうか??

会場の皆様と撮ったお写真がコチラ☆

Date: **10/11/2016**

Subject: 『何者』宣伝隊長任命式

先日、『何者』宣伝隊長任命式が行われました!

数ある応募の中から選ばれた宣伝隊長へ、
健が内定証書をお渡ししました☆

『何者』いよいよ今週末公開です!

皆様どうぞよろしくお願いします♪

Date: **10/11/2016**

Subject: **美作大学「白梅祭」**

デビュー10周年記念学園祭ツアー
「佐藤健、学園祭に行くってよ。」

今回は2校目、
岡山県・美作大学「白梅祭」にお邪魔しました☆

お越し頂いた皆様、本当にありがとうございました!

会場の皆様と撮った写真です☆

Date: **10/17/2016**

Subject: 松本大学「第50回 梓乃森祭」

デビュー10周年記念学園祭ツアー
「佐藤健、学園祭に行くってよ。」

今回は3校目、
長野県・松本大学「第50回 梓乃森祭」でした♪

お越し頂いた皆様、ありがとうございました!

会場の皆様と撮ったお写真はこちらです☆

TAKERU SATOH

Date: **10/18/2016**

Subject: 『たけてれ vol.48』終了!

昨日は『たけてれ vol.48』の放送日でした!

セットだけでなく、健もハロウィン仕様に☆

就職試験に全問正解した健♪

見事「内定」を頂きました笑!

Date: **10/23/2016**

Subject: 十文字学園女子大学「第50回 桐華祭」

デビュー10周年記念学園祭ツアー
「佐藤健、学園祭に行くってよ。」

今回は4校目、
埼玉県・十文字学園女子大学
「第50回 桐華祭」でした☆

お越し頂いた皆様、ありがとうございました!

健の地元の埼玉での公演、
とっても盛り上がりました♪

会場の皆様と撮ったお写真はコチラ♪

Date: **10/24/2016**

Subject: 純真学園大学・純真短期大学「純真学園祭」

デビュー10周年記念学園祭ツアー
「佐藤健、学園祭に行くってよ。」

今回は5校目、
福岡県・純真学園大学・純真短期大学
純真学園祭でした☆

お越し頂いた皆様、ありがとうございました!

会場の皆様と撮ったお写真がこちらです♪

TAKERU SATOH

Date: **10/30/2016**

Subject: 関西外国語大学・学研都市キャンパス「穂谷祭」

デビュー10周年記念学園祭ツアー
「佐藤健、学園祭に行くってよ。」

6校目は、
大阪・関西外国語大学・学研都市キャンパス
穂谷祭でした☆

お越し頂いた皆様、ありがとうございました!

会場の皆様と撮ったお写真がこちらです♪

Date: **10/30/2016**

Subject: **YUTAKE 初ライブにして解散!**

昨日10／29(土)「JACK-O-LAND」に
健が出演しました!

お越し頂いた皆様、ありがとうございました☆

初ライブにして早くも解散となった「YUTAKE」。

TOYOTA「Winglet」に乗った健から
お菓子は受け取れましたでしょうか♪

Date: **11/03/2016**

Subject: 青山学院女子短期大学「青山祭」

デビュー10周年記念学園祭ツアー
「佐藤健、学園祭に行くってよ。」

最後は青山学院女子短期大学 青山祭でした☆

お越し頂いた皆様、ありがとうございました♪

会場の皆様と撮ったお写真がコチラです!

Date: **11/16/2016 11:51:06 AM**

Subject: **知られざる古代文明**

NHK BSプレミアム
『ザ・プレミアムシリーズ 知られざる古代文明』出演決定!

12／3(土)、12／10(土)21:00から放送される
『ザ・プレミアムシリーズ 知られざる古代文明』
「発見!ナスカ・大地に隠された未知なる地上絵」・
「発見!マヤ・密林に隠されたピラミッドと謎の石舞台」に
健が出演します!

第1回は南米のペルー、第2回は中米のグアテマラを訪れました。
ペルーではナスカの地上絵で有名なアンデス文明について、
グアテマラではマヤ文明について、2つの古代文明の謎に健が迫ります。

最新の日本の技術を用いて日々解明されていく古代文明。
古代の人々の生活が明らかになっていく中で少しずつ見えてきた
「人間の本質」。

目の前に広がる広大なロケーションと数千年の歴史に触れて、
健は旅を通して何を感じてどんな言葉を残したか。

ドキュメンタリー番組での初のナレーションもお楽しみに!

TAKERU SATOH

Date: **11/28/2016**

Subject: ## TOYOTA GAZOO Racing FESTIVAL

先日行われた
「TOYOTA GAZOO Racing FESTIVAL 2016」に参加してきました。

実際にレーシングカーのスピードを間近で感じ、
モータースポーツの楽しさを体感しました。

この日のために、
オーダーメイドのレーシングスーツとヘルメットを作って頂きました。

Date: **12/04/2016**

Subject: サントリーウイスキー「知多」

サントリーウイスキー「知多」新CMオンエア!

12／4(日)より、
健出演の「知多」新CM「僕らのウイスキー篇」が
オンエアスタートしました☆

皆さん、もうご覧になりましたでしょうか?

風を感じる海辺の新居で、軽やかにハイボールを愉しむ健。
とっておきのハイボールを友人に振る舞うはずが……

また、知多ブランドサイトでは、
健が美味しいハイボールの作り方を伝授。

"無口な健"と、"よくしゃべる健"、
どっちに教えてもらいたいですか?

TAKERU SATOH

Date: **12/20/2016**

Subject: 『たけてれ vol.49』終了!

昨日は『たけてれ vol.49』の放送日でした!

デビュー10周年YEARを締めくくる
今年最後の放送はいかがでしたか?

そして「佐藤健の佐藤ですスタンプ」
プロジェクトも始動しました!

皆様からのご応募お待ちしております☆

Date: **12/31/2016**

Subject: 2016年

デビュー10周年の本年も、
変わらぬたくさんの応援を頂き本当にありがとうございました。

年の瀬に、2016年のオフショットを……。

新しい年が皆様にとって素晴らしい一年になりますように。

TAKERU SATOH

BACK STAGE PASS

Date: **01/13/2017**

Subject: 2017 年

明けましておめでとうございます!

皆さま、昨日の『たけてれ』はお楽しみ頂けましたか?

健は、先日映画『亜人』の撮影を無事に終えまして、
年明けより映画『8年越しの花嫁』の撮影に入っています。

両作品とも公開はまだ少し先になりますが……
どうぞご期待ください!

今年もどうぞ宜しくお願い致します!

TAKERU SATOH

Date: **02/25/2017**

Subject: 『たけてれ vol.51』終了!

昨日は『たけてれ vol.51』の放送日でした。

今年は健の「はたらく」姿を皆さんにたくさん
ご覧頂けるかと……。ご期待ください!

「佐藤健の『佐藤です』スタンププロジェクト」も、
グランプリが決定しました!
たくさんのご応募、ありがとうございました。

今後の展開をお楽しみに!

TAKERU SATOH

Date: **03/23/2017**

Subject: 『たけてれ vol.52』終了!

3/21(火)放送、『たけてれ vol.52』楽しんで頂けましたか?

この日は健の28歳の誕生日。豪華ゲストをお招きして、
盛大にお祝いしました!

また、皆様からのたくさんのお祝い写真とメッセージ、
本当にありがとうございました!

28歳の健の活躍をご期待ください!

TAKERU SATOH

Happy Birthday!

Date: **04/09/2017**

Subject: **くまもと復興映画祭 Powered by 菊池映画祭**

4／7（金）、4／8（土）の2日間、「くまもと復興映画祭 Powered by 菊池映画祭」に健が参加させて頂きました!

お越し頂いた皆様、お足元の悪い中本当にありがとうございました。熊本の方だけでなく、県外からも沢山の方にお越し頂きました。

4／7（金）に行われたオープニングセレモニーでは、人力車で登場し、くまモンと一緒にレッドカーペットを歩きました。
4／8（土）では、映画『世界から猫が消えたなら』の上映後に舞台挨拶をさせて頂きました。公開時、震災の影響で、熊本では今作の上映がありませんでしたが、今回、健の念願も叶い沢山の方にご覧頂くことが出来ました。

さらに今回、熊本の皆さんの前で『るろうにほん 熊本へ』の完成をご報告できました!　4／14発売、売上の一部は熊本復興支援のために寄付されます。ぜひお手にとって頂きたいです。

Date: **04/17/2017**

Subject: 『るろうにほん 熊本へ』発売記念会見

昨日4／16（日）、『るろうにほん 熊本へ』発売記念会見が、
肥後細川庭園・松聲閣（しょうせいかく）で行われました。

「この本を手に取っていただき、
そして熊本へ足を運んでいただけたらうれしいです」

この日、健が記者の皆さんに熊本名物「だご汁」を
振る舞いました！

TAKERU SATOH

2017

Date: **05/20/2017**

Subject: 『たけてれ vol.53』終了!

『たけてれvol.53』いかがでしたか?

書籍『るろうにほん 熊本へ』の
メイキングを初公開いたしました。
熊本の魅力がたっぷり詰まった一冊。
まだお持ちでない方は、
是非手に取って頂きたいです!

「佐藤健の『佐藤です』スタンププロジェクト」は、
佐藤さんはもちろん、佐藤さんでない方も、
佐藤さんになりうる可能性もある方も、
皆さんで楽しんで使ってみてください!

TAKERU SATOH

Date: **07/29/2017**

Subject: 『たけてれ vol.54』終了!

今回は約2ヶ月ぶりの『たけてれ』!

そして『たけてれDVDvol.4』の
発売が決定しました!

過去の放送を振り返りましたが、
皆さんは分かりましたか?!

健には難問だったようです。

Date: **08/23/2017**

Subject: 『半分、青い。』

2018年度連続テレビ小説『半分、青い。』に
健が出演することが決定しました!

女優の永野芽郁さん演じる
ヒロインの幼なじみ・萩尾律を健が演じます。
今作がNHK連続テレビ小説初挑戦となります!

「僕が演じる律と鈴愛の関係は、
微妙で難しい挑戦になります。脚本を担当した北川悦吏子さんは、この物語は
ラブストーリーだけどラブストーリーじゃない。
恋愛をするタイミングを逃してしまった2人を描きたい。
これまで、いろいろなところで描かれてきたどんなものよりも
強い絆で結ばれている。それがどういった愛の形なのか、
これからの撮影の中で永野さんと見つけていけたらと
思います」と意気込んでおります。

是非、ご期待ください!

TAKERU SATOH

PASS AREA GUIDE | MOVIE | TV | TAKETELE | OTHER | INTERVIEW |

Date: **08/25/2017**

Subject: 久々のあのコンビ!

先日、フジテレビ系の
特番『芸能界特技王決定戦 TEPPEN』の収
録がありました。

そしてその番組には、神木さんも出演しており……
久々の最高秋人コンビが復活です!

是非ご覧ください!

TAKERU SATOH

Date: **09/05/2017**

Subject: 映画『亜人』完成披露試写会

健の主演映画『亜人』完成披露試写会
-AJIN∞FES-が開催されました!

会場にお越し頂いた皆さん、
LINELIVEでご覧頂いた皆さん、
ありがとうございました!

お楽しみ頂けましたでしょうか!?

『亜人』でしかできないアクションシーンが
完成し見逃せない作品となりました!

公開まであと少し!!

Date: **09/09/2017**

Subject: 『たけてれ vol.55「亜人」公開 SP！』終了！

『たけてれvol.55「亜人」公開SP！』
お楽しみ頂けましたでしょうか？

公開に向け、これから続々と番組への
出演が続きます！　健も宣伝を頑張っていますので
応援よろしくお願いします！

エンドレスにぎにぎはかなりハマったようです。

Date: **09/22/2017**

Subject: **『亜人』GAME EVENT**

昨日『亜人』GAME EVENTにお越し頂いた皆様、
ありがとうございました!

今回は健と綾野さんとのゲームバトル! ということで
18個のブロックから二人の顔を組み立てる
「リセット復活ゲーム」で対決!
綾野さんのリードでしたが、
最後の最後に健が逆転勝利しました。

いよいよ映画『亜人』来週公開となりました!
ぜひ劇場に足をお運びください!

Date: **09/24/2017**

Subject: 『世界一受けたい授業』

日の日本テレビ系『世界一受けたい授業』
ご覧頂けましたか?!

写真は一緒に番組に出演した
下村泉役、川栄李奈さんと。

『亜人』公開まで、あと6日!!

TAKERU SATOH

Date: **09/27/2017**

Subject: 『今夜はナゾトレ』

昨日のフジテレビ系『今夜はナゾトレ』は
ご覧頂けましたか?!

写真は一緒に番組に出演した
田中役・城田優さん、奥山役・千葉雄大さんと。

『亜人』公開まで、あと3日!

TAKERU SATOH

Date: **10/01/2017**

Subject: 映画『亜人』初日舞台挨拶

映画『亜人』がいよいよ公開初日を迎え、
健が舞台挨拶に登壇しました!!

もう皆さんはご覧頂けましたでしょうか!?

IMAX、MX4D、4DXで『亜人』ならではの
迫力のアクションを二度三度と是非お楽しみください!!

Date: **10/06/2017**

Subject: 大ヒット御礼エンドレスおもてなし舞台挨拶

映画『亜人』が週末動員No.1を記録し、
昨日「佐藤健の大ヒット御礼エンドレス
おもてなし舞台挨拶」が行われました!

今週末、三連休も、
引き続き映画『亜人』をよろしくお願いいたします!

Date: **11/17/2017**

Subject: 『8年越しの花嫁 奇跡の実話』
完成披露試写会

映画『8年越しの花嫁 奇跡の実話』の
完成披露試写会が行われました!

クランクインの前から本作のモデルとなった
中原尚志さん・麻衣さんご夫婦にもお会いし、
役作りを重ねてきました。
8年間の奇跡の実話を、
是非劇場でご覧いただきたいです。

Date: **11/29/2017**

Subject: 『8年越しの花嫁 奇跡の実話』
公開直前イベント

昨日、映画『8年越しの花嫁 奇跡の実話』の
公開直前イベントが、都内・結婚式場で行われました。

健は花婿姿で土屋太鳳さんをエスコート。
結婚を控える皆さんの想いも受け取り、
会場は幸せな雰囲気に包まれました。

この映画をご覧になる皆さんも、
是非幸せになっていただきたいです。

2017

Date: **11/30/2017**

Subject: 2017 MAMA in Japan

昨日、日本で初開催となる『2017 MAMA in Japan』に
〈ベストダンスパフォーマンス男子グループ部門〉
プレゼンターとして健がサプライズ登場しました!

「こういった機会がどんどん増えて、
もっともっと国と国との距離が縮まっていけば
これからどんどんよくなっていくのではないかと思います。
日本で初開催となる『2017 MAMA in Japan』に
プレゼンターとして参加させていただき、
とても光栄に思います」

BACK STAGE PASS

Date: **12/08/2017**

Subject: 「ナイーブ」×『8年越しの花嫁 奇跡の実話』
プレミアム試写会

昨日、クラシエホームプロダクツ「ナイーブ」×
映画『8年越しの花嫁 奇跡の実話』
プレミアム試写会が都内・映画館にて行われました！

映画の撮影当時、クラシエのCM撮影のために、
撮影の合間を縫って岡山でダンス練習を
重ねていました。
「ダンスについてはただの素人ですが……
なんとか形にしました。ただの頑張り屋さんです（笑）」

ハチハナもいよいよ来週末に迫りました！　お楽しみに！

Date: **12/08/2017**

Subject: 『VS嵐』『櫻井・有吉THE夜会』

昨日のフジテレビ系『VS嵐』と
TBS系『櫻井・有吉THE夜会』は、
皆さんご覧頂けましたでしょうか。

『ハチハナ』公開まで、あと8日!

Date: **12/16/2017**

Subject: 『たけてれ vol.56』終了!

『たけてれ vol.56』いかがでしたでしょうか?!

2017年最後の放送となりました。

そして本日12／16公開の映画『8年越しの花嫁 奇跡の実話』
スペシャルをお届け致しました!

皆さまぜひ劇場でご覧ください!

TAKERU SATOH

Date: **12/17/2017**

Subject: ついに……

映画『8年越しの花嫁 奇跡の実話』が
公開いたしました!

健にとっても大切な作品となりました。

ぜひ大切な方と一緒にご覧頂き、
温かい愛を感じてほしいです。
劇場でお待ちしております!

TAKERU SATOH

Date: **12/26/2017**

Subject: 『ハチハナ』大ヒット!!

昨日、映画『8年越しの花嫁 奇跡の実話』
大ヒット御礼舞台挨拶が行われました。

見事、週末興行ランキング実写邦画第1位を
記録しました!

「一年で一番ロマンティックなこの時期にぜひ大切な方とご覧頂きたい
です」と健もコメント。

年末年始は是非『ハチハナ』をご覧頂き、
家族や大切な方と素敵な時間をお過ごし下さい!

TAKERU SATOH

Date: **12/31/2017**

Subject: **2017年もあと少し。**

2017年も沢山のあたたかい応援を頂き、
本当にありがとうございました!

新しい年が、皆様にとって素晴らしい一年になりますように。

写真はLe Mansでの夕陽です。

2018年もどうぞよろしくお願いいたします!

TAKERU SATOH

Date: **01/27/2018**

Subject: 『たけてれ vol.57』終了！

昨日は『たけてれ vol.57』の放送日でした！

2018年「戌年」第1回は、柴犬まるちゃんと
お送りしました。皆さんご覧頂けましたでしょうか?!

終始元気なまるちゃんと一緒に、
年明けのご挨拶ができました。

今年も『たけてれ』をよろしくお願いします！

TAKERU SATOH

Happy New Year!

Date: **02/09/2018**

Subject: 『8年越しの花嫁 奇跡の実話』
感謝の舞台挨拶

映画『8年越しの花嫁 奇跡の実話』の
大ヒットを感謝して、舞台挨拶が行われました。

この日は感謝を込めて健から逆チョコも。

「この映画を観て下さった皆さま、
日々を懸命に生きる全ての皆さまに、
この映画のような素敵な奇跡が訪れますように」

2018

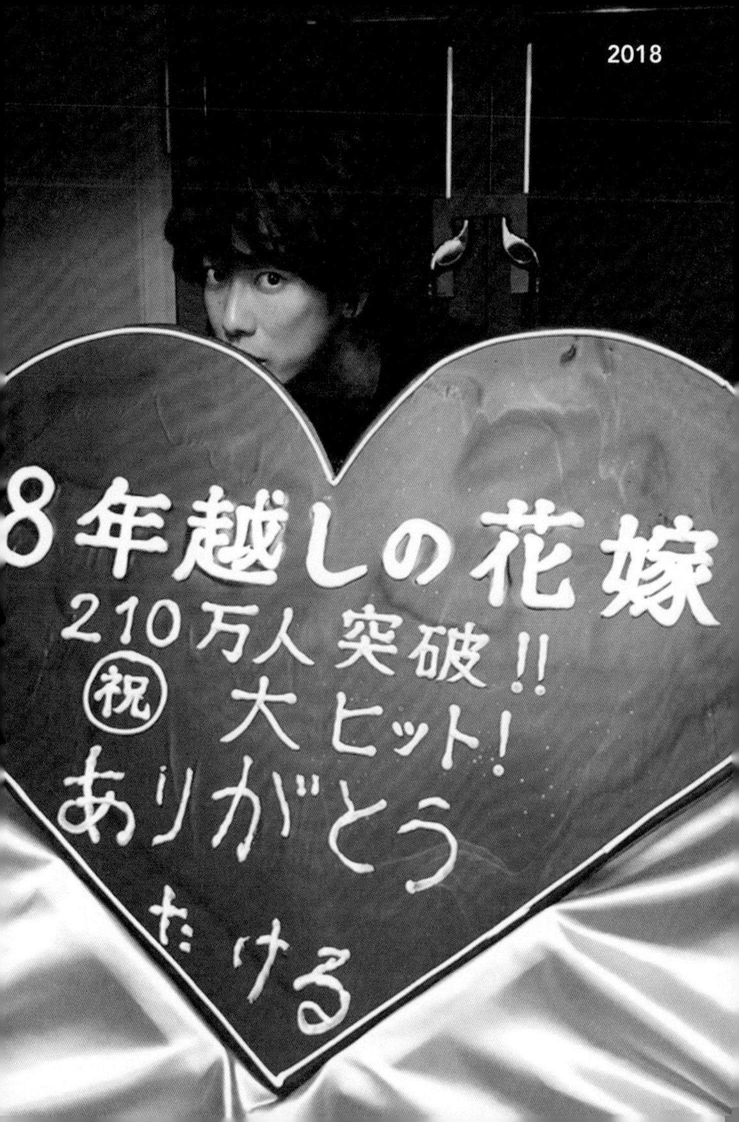

PASS AREA GUIDE

MOVIE | TV | TAKETELE | OTHER | INTERVIEW |

Date: **03/03/2018**

Subject: 第41回 日本アカデミー賞

昨日3／2、第41回 日本アカデミー賞 授賞式に
出席しました。

映画『8年越しの花嫁 奇跡の実話』で、
健が優秀主演男優賞を受賞しました!

皆様に愛された作品だからこそ、この賞を頂けました。
写真は、同作品で優秀主演女優賞を受賞された
土屋太鳳さん、優秀助演女優賞を受賞された
薬師丸ひろ子さんと。

Date: **03/13/2018**

Subject: **映画『いぬやしき』新宿プレミアイベント**

木梨憲武さん演じる犬屋敷と、

健演じる獅子神皓が激動のアクションを

繰り広げる新宿で、

映画『いぬやしき』プレミアイベントが開催されました!

映画『いぬやしき』は4／20（金）より全国公開です。

お楽しみに!

Date: **03/22/2018**

Subject: 『たけてれ vol.58』終了!

昨日は『たけてれ vol.58』の放送日でした!

そして…健の29歳の誕生日!

皆さんからの本当に沢山のお祝いメッセージ、ありがと

うございました!これからも佐藤健の応援、よろしくお

願いします。

『たけてれ』と、『半分、青い。』の現場で

お祝いして頂いた時の写真です。

Date: **03/30/2018**

Subject: 映画『いぬやしき』完成披露舞台挨拶

昨日3／29(木)にオープンした東京ミッドタウン日比谷内・
TOHOシネマズ日比谷にて、映画『いぬやしき』完成披
露舞台挨拶が行われました。
撮影の合間に、いや、焼き鳥の合間に撮影をしていた
時の写真がこちらです（笑）
グリーンバックのスタジオ前で、木梨憲武さんによる見事な焼
き鳥屋さんが！
今作は4／20(金)全国公開です。是非ご期待ください！

Date: **04/14/2018**

Subject: 『いぬやしき』高校生限定応援試写会

4／12（木）に、映画『いぬやしき』
高校生限定応援試写会が行われました。

高校生の皆さま、熱い声援ありがとうございました！

応援上映の様子を麻理役の三吉彩花さんと
一緒に後ろの扉から覗く二人。
かなりの熱に圧倒されていました！

Date: **04/21/2018**

Subject: 映画『いぬやしき』初日舞台挨拶

昨日4／20(金)、映画『いぬやしき』公開初日舞台挨拶が
行われました。

ベルギーで開催された第36回ブリュッセル国際
ファンタスティック映画祭にて、
インターナショナルコンペティション部門グランプリに
あたる「ゴールデンレイヴン賞」を受賞した本作。

「空飛ぶ映像体験」をぜひ劇場で体感してください!

Date: **07/06/2018**

Subject: 『義母と娘のブルース』制作発表

今回は、7／10 火曜夜10時スタートの
TBS系『義母と娘のブルース』制作発表。

健演じる、ナゾの青年「麦田章」の展開に
毎話毎話目が離せなくなること間違いなし!
ぜひ御覧下さい!

そして制作発表終わりにパシャリ!!

Date: **08/21/2018**

Subject: **ポケモンGO『佐藤健、はじめての交換篇』**

本日8／21(火)からオンエアがスタートした
CM「ポケモンGO『佐藤健、はじめての交換篇』」、
もうご覧頂けましたか?

健のポケモン愛が惜しみなく発揮されています。

皆さんも捕まえたポケモンを交換し合って、
是非ポケモンマスターを目指しましょう!!

健がポケモンの中で一番好きな
カビゴンのクッションが控え室に!!

Date: **08/31/2018**

Subject: 『たけてれ vol.59』終了!!

昨日は、『たけてれ vol.59』の放送日でした!
新企画「LINE大喜利」への沢山のご応募ありがとうございました。
皆さまからの健への「愛」、しっかりと届きました!
引き続き、健からのLINEをお楽しみに!

また『半分、青い。』『義母と娘のブルース』『億男』も
ぜひご覧ください!

こちら『たけてれ』終わりの写真です。

Date: **09/22/2018**

Subject: 映画『億男』完成披露試写会

昨日は、東京国際フォーラムにて『億男』完成披露試写会が
行われました。写真撮影では、大量の"一男九十九"の
お札が空から降ってくるというなんともゴージャスな演出も！
そんな『億男』も10／19（金）の公開まであとすこし！
楽しみにお待ち下さい！！

最後にタキシードでビシッと決めた健をどーぞ。

2018

Date: **10/06/2018**

Subject: 『全力!脱力タイムズ』収録

昨日の『全力!脱力タイムズ』(フジテレビ系) は見てくださいましたか?
番組の余韻をもう一度どうぞ!

そして映画『億男』公開まで、あと13日!
お楽しみに!!

TAKERU SATOH

Date: **10/11/2018**

Subject: 映画『億男』公開前直前イベント

昨日は『億男』公開直前イベントでした。

原作の文庫版発売記念として
「幸せは○○円で買える、なぜなら○○だから」という
お金と幸せの答えを募集しました。

ノミネートされた中から健と高橋一生さんが選んだ
映画億男特別賞作品は……「禁煙（円）：禁煙をしたら妻と子供
が優しくなったため」ノミネート作品はどれもユーモアがあり、
健と高橋一生さんのトークは盛り上がりました！

映画『億男』公開まで、あと8日です！
ぜひ劇場でご覧下さい！

Date: **10/12/2018**

Subject: 『坂上どうぶつ王国』収録

新番組『坂上どうぶつ王国』は
ご覧頂けましたでしょうか!?

動物が大好きな健は、収録前からアマゾンのライオン犬、
ゼウスくんを溺愛していました。

健とゼウスくんの特技披露も大成功!

また映画『億男』公開まで、あと7日!
お楽しみに!

Date: **10/13/2018**

Subject: 『嵐にしやがれ』収録

9／29(土)に引き続き、本日放送された
NTV系『嵐にしやがれ』いかがでしたか？？

グルメデスマッチでは未だ嵐に負けなし！！

映画『億男』公開まで、あと6日です！　お楽しみに！

Date: **10/16/2018**

Subject: 『激レアさんを連れてきた。』収録

『激レアさんを連れてきた。』(テレビ朝日系) は
ご覧頂けましたでしょうか?

ドキさんのキャラクターとツッコミどころ満載の
エピソードに、健も興味津々でした!

ジャック・オー・ランドで健が仮装した時の
懐かしい写真をどうぞ!

また映画『億男』公開まで、あと3日!
お楽しみに!

Date: **11/01/2018**

Subject: 『たけてれ Vol.60』終了!

昨日の『たけてれ』生放送はご覧頂けましたでしょうか?
今回は映画『億男』スペシャルに加え、VRをつかった
ヴァーチャル空間を体験しました!　こちらは椿本さんの
アバター椿子「4メートルくらいある!?」と、
ヴァーチャル空間の健は椿子の大きさに
びっくりしておりました。

そしてこちらは椿子を見上げる実際の健。

軽く汗をかくくらい、しゃがんだり、色々動きまわったりと
夢中な健でした。

最後に、『たけてれ』セット内でパシャリ。

次回の『たけてれ』もお楽しみに!!

Date: **11/21/2018**

Subject: 映画『ハード・コア』完成披露上映会

映画『ハード・コア』完成披露上映会に健が
登壇しました!

山田孝之さんの弟役(左近)ということで、
「やります!」と即決した今作。

今までにない役柄にチャレンジしました。

ぜひ劇場でご覧ください!

BACK STAGE PASS

Date: **12/01/2018**

Subject: 映画『ハード・コア』公開初日舞台挨拶

11／23（金）、映画『ハード・コア』が公開しました！
皆様、もうご覧頂けましたでしょうか？

原作とは異なるエンディングに心打たれた方も
多いのでは……右近、牛山、ロボオ、そして左近の
ハードボイルドな生き様をぜひ劇場でご覧下さい！

また撮影時のメイキング上映会の開催が
決定しました！
そちらもぜひご覧ください。

最後に、舞台挨拶終わりサインを書く健です。

TAKERU SATOH

Date: **01/01/2019**

Subject: **明けましておめでとうございます!!**

明けましておめでとうございます。

今年もどうぞよろしくお願いします!

第69回 NHK紅白歌合戦、

昨夜はご覧頂けましたか?

「生歌の力に圧倒された!」と

番組終了後も興奮冷めやらない様子でした。

PASS AREA GUIDE | MOVIE | TV | TAKETELE | OTHER | INTERVIEW |

Date: **01/23/2019**

Subject: 『たけてれ vol.62』

皆さん、『たけてれ vol.62』はいかがでしたか?

ファンの皆さまからの
"緊張をどう克服するか"というお悩みに
「緊張しないようにするんじゃなくて、
緊張したとしても良いパフォーマンスができるように
準備と練習をする」と健ならではの答えが。
また近々、健へのお悩み相談も企画もしますね!
最後に、今年の抱負と共にパシャり。

Date: **03/05/2019**

Subject: **2／23（土）映画『サムライマラソン』
公開記念舞台挨拶**

先日、TOHOシネマズ日比谷にて、
映画『サムライマラソン』舞台挨拶が行われました！

「この作品は過去の作られた“歴史”をなぞるのではなく、
自分たちが“新しい歴史”を提案するという思いで
撮影にのぞみました」

時代劇の新しい1ページを
劇場でぜひご覧下さい！！

TAKERU SATOH

Date: **03/23/2019**

Subject:
佐藤健 30th アニバーサリー
スペシャルメッセージアート

佐藤健公式LINEに投稿頂いた
皆様からのメッセージとお名前を元に制作された
《佐藤健 30th アニバーサリースペシャルメッセージアート》。
3／20、21に行われた
「佐藤健 30th ANNIVERSARY EVENT」では
本人にサプライズで特大メッセージアート登場！　や、
3／21の埼玉新聞朝刊にも掲載されました！

ご投稿頂いた皆様、
改めてありがとうございました！

Date: **03/27/2019**

Subject:
佐藤健 30th ANNIVERSARY EVENT
無事終了 !!

会場まで足を運んでくださった方々、ありがとうございました!
日本各地、そして海外から来ました!　という方も。

イベントは楽しんで頂けましたでしょうか!?
そして皆様の前で初披露した新技、いかがでしたか……?
健は現在、新しい作品撮影の真っ最中ですが、妥協を許さず、
イベントの準備に沢山の時間をかけて取り組んでいました。

今後とも佐藤健の活躍にご期待下さい!

お待たせしました!
今回はイベントの写真大量放出です!
最後の1枚はイベント終わりの打ち上げ／誕生日会にてパシャリ。

また、4／25に「佐藤健 30th ANNIVERSARY EVENT 」
ライブビューイングが決定しました!!
イベントにお越し頂いた方も、お越しになれなかった方も、
映画館の大スクリーンで盛り上がりましょう!

TAKERU SATOH

Date: **04/24/2019**

Subject: 『たけてれ vol.63』終了!

先日の『たけてれ vol.63』は
ご覧頂けましたでしょうか?

健が番組内で話していた
ANNIVERSARY BOOKの
ナゾトキ答え合わせ企画も
検討中ですので、お楽しみに!

最後に『たけてれ』セット内でパシャり。

TAKERU SATOH

Date: **06/28/2019**

Subject: 映画『るろうに剣心』最終章クランクアップ！

2012年公開の1作目から始まった
映画『るろうに剣心』シリーズ、
ついに【最終章】がクランクアップ。

今世紀最大の超大作、
6年ぶりの新作となる【最終章】は、
剣心の十字傷の謎に迫る物語と、
中国大陸の裏社会を牛耳る謎の武器商人であり、
武器や軍艦を送り込み志々雄真実を操っていた
シリーズ最恐の敵・縁との戦い、この2つの時代を通して描かれます。

大友監督も「伝説的な撮影を経て、"るろうに旋風"を起こす」、
健も「圧倒的なクオリティをもって映画史に名を残す」と
意気込んでおります。

シリーズ集大成となる今作に是非ご期待ください！

Date: **07/04/2019**

Subject: **7／2（火）「サマージャンボ」発売記念イベント**

昨日「サマージャンボ」発売記念という事で、
健と神木隆之介さんの仲良しコンビでイベントに登壇しました！

色々な作品で共演していることもあり、
二人のトークは会場に笑いを起こしました！

「かっこよすぎる」
「マンションを購入するから、合鍵をもらいたい！」
「全国の佐藤健を集めて、佐藤健会をしたい！」など
健愛あふれる神木さんに、
困惑しながらも嬉しそうにしている健の姿が印象的でした。

最後に、カメラマン神木さんが撮った
写真とイベント時の写真をどうぞ！

TAKERU SATOH

'ャンボ宝くじ」「サマージャンボミニ」発

Date: **07/09/2019**

Subject: **『テレビ千鳥』収録**

皆さま『テレビ千鳥』（テレビ朝日系）はご覧頂けましたか？
襲いかかる様々な焦らしに苦悶の表情を浮かべながらも、
ついに、キムチ豚生姜焼き丼が健の目の前に。
必死に耐え、限界までガマンして食べた豚丼は
どれほど美味しかったことでしょう。

また、プライベートでも仲のよいノブさんと大悟さんだけあって、
いつも以上にリラックスして収録に挑んでいました！

そして映画『ドラゴンクエスト ユア・ストーリー』は、
8／2（金）公開です！ お楽しみに！

TAKERU SATOH

Date: **07/15/2019**

Subject: 『はじめてのおつかい
夏の大冒険スペシャル』収録

『はじめてのおつかい 夏の大冒険スペシャル』（日本テレビ系）
皆様ご覧頂けましたでしょうか!?
今回は夏らしく、黒色の男らしい浴衣で登場!
健はVTRを見ながら、
「恥ずかしくて他人に声をかけることすらできなかった」と
自身の幼少期を思い返していました!

そして『ドラゴンクエスト ユア・ストーリー』は
8／2（金）公開です!
お楽しみに!

TAKERU SATOH

Date: **07/17/2019**

Subject: 映画『ドラゴンクエスト ユア・ストーリー』
完成報告会見／ワールドプレミア

昨日、映画『ドラゴンクエスト ユア・ストーリー』
完成報告会見／ワールドプレミアに、
豪華キャストと共に登壇しました！

「ゲームと共に育ってきた方々には、特に観て頂きたい！」
この映画に絶大な自信を持つ健ならではのコメント。

『ドラゴンクエスト ユア・ストーリー』は、8／2（金）公開。
ぜひお楽しみに！

PASS AREA GUIDE | MOVIE | TV | TAKETELE | OTHER | INTERVIEW |

Date: **07/20/2019**

Subject: 『アルキメデスの大戦×ドラゴンクエスト
夏の２大作を zero と ZIP! がお届け SP』撮影!

皆さま、『ZIP！』の特別番組はご覧頂けましたか!?

健はホワイトタイガーを手懐け、
見事レベルアップすることに成功!
しかし、ゾウの宮子へのプロポーズ対決は……
惜しくも、敗北してしまいました。

映画『ドラゴンクエスト ユア・ストーリー』は8／2（金）公開です!

お楽しみに!

TAKERU SATOH

Date: **07/26/2019**

Subject: 『たけてれ vol.64』終了!

皆さま『たけてれ vol.64』はいかがでしたか?!

今回はドラクエ企画ということで、
究極の選択とちょいチャレのコーナーに加え、
『たけてれ』に "スラリン" が遊びに来てくれました!

また、「13years 〜 TAKERU SATOH
ANNIVERSARY BOOK 2006→2019」の
謎解き答え合わせも。
皆さんは隠された健のメッセージまで
たどり着けましたでしょうか?!

次回の『たけてれ』もお楽しみに!

Date: **07/30/2019**

Subject: 『ザ!世界仰天ニュース』収録

皆さま『ザ!世界仰天ニュース』(日本テレビ系)は
ご覧頂けましたか!?

健の得意分野であり、
大好きなクイズや謎解きが盛りだくさん。
鶴瓶さんチームとして
クイズ対決に参加しましたが……
惜しくも負けてしまいました。
ご褒美のうな重を食べられず残念。

映画『ドラゴンクエスト ユア・ストーリー』
公開まで、あと3日です!

お楽しみに!

2019

Date: **08/02/2019**

Subject: 『ウチのガヤがすみません!』収録

皆さま、『ウチのガヤがすみません!』（日本テレビ系）は
ご覧になりましたでしょうか!?
催眠術にかかったことがない健が
「すっぱいレモンが甘く感じる」催眠術に挑戦。

結果は……「んー、すっぱい!!」

健に催眠術をかけられる方、
お待ちしております。笑

また、井上小公造さんからは、
健のマル秘スクープを暴露!!
カレーは福神漬けよりらっきょ派
……マネージャーでも知らない新事実でした。
井上小公造さん恐るべし。笑

そして、映画『ドラゴンクエスト ユア・ストーリー』は本日公開です!
お楽しみに!

Date: **08/02/2019**

Subject: 『ぐるナイ
佐藤健と友達大集合ゴチ 2 時間 SP!』収録!

皆さま『ぐるナイ 佐藤健と友達大集合ゴチ2時間SP!』(日本テレビ系)は
ご覧になりましたか?

なんと健は、千鳥のノブさんに続き第2位という結果でした!
ニアピン賞まであと少し及ばず。

健は、設定金額からマイナス600円、
1位のノブさんとも200円差と、優勝まであと少し!!
そしてワンツーフィニッシュと、
結果まで仲良しな2人でした。笑

写真は、
ノブさんと健の仲良しツーショット
〜スラリンなお財布を添えて〜
をどうぞ!(料理タイトル風に言ってみました。笑

映画『ドラゴンクエスト ユア・ストーリー』は、本日公開です!
ぜひ、ご覧下さい!

TAKERU SATOH

Date:　**09/09/2019**

Subject:　『たけてれ vol.65』終了！

皆さま、『たけてれ vol.65』はいかがでしたか？

今回は、皆さんお馴染み!?　の
自称「たけるプロ」の神木隆之介さんが、
サプライズ登場しました！
実は配信前から後ろでスタンバイしていた神木さん……
勘の鋭い健にばれないかヒヤヒヤでした！笑

また、新企画「たけてれ街頭インタビュー」のコーナーも始動し、
これからも続々と新企画を増やしていきます！

次回の『たけてれ』もお楽しみに！
最後に「カミタケ」コンビの2ショットをどうぞ！

Date:　**09/29/2019**

Subject:
熊本市新CM
「500年、城と生きる町へ／公園」篇

この度、健が、熊本城再オープンを記念した
熊本市新CM「500年、城と生きる町へ／公園」篇の
ナレーションを担当させて頂くことになりました！

写真は、ナレーション収録風景です！

そんな新CMは、10 ／ 1（火）より、
九州7県および広島県にてオンエアとなります。

▼新CMに寄せて佐藤健コメント
「映画『るろうに剣心』の撮影の時に、
熊本の方々には、本当にお世話になりました。
その後、震災があり本を出させていただき、
熊本に訪れる機会も増えて、
第二の故郷のような気持ちが僕の中に芽生えてきました。
今回、みなさんが待ち望んでいた熊本城が特別公開になり、
僕も心からうれしく思っています」

TAKERU SATOH

Date: **10/07/2019**

Subject: 熊本城 大天守外観復旧記念
特別公開 第1弾　記念式典登壇

先日、熊本城 大天守外観復旧記念
特別公開 第1弾の記念式典に、登壇させて頂きました。

「お城は歴史の象徴であり、

震災で一部倒壊してしまった事もまた歴史の一部であり、

それを約3年半という早さで

復旧・復興してくれた方々が沢山いることもまた歴史であり……

今日から熊本城は足を運ぶごとに変化した姿を

僕たちにみせてくれる、そんな歴史を感じながら

熊本城と共に生活できる事は我々にとって嬉しい事ですね」

と熊本城復旧への想いを語りました。

TAKERU SATOH

BACK STAGE PASS

Date: **10/29/2019**

Subject: 『ひとよ』東京国際映画祭
『たけてれ vol.66』生配信

昨日行われた東京国際映画祭の
レッドカーペットセレモニーに、
映画『ひとよ』チームの白石和彌監督、鈴木亮平さん、
松岡茉優さんと共に参加しました！
そして、東京国際映画祭の熱気が残る中……。
タキシード姿のまま移動し、
白石監督と『たけてれ』生配信を行いました！
映画『ひとよ』尽くしの
今回のたけてれはいかがでしたか！？
レッドカーペット直前の2人の素すぎるレア映像や
『ひとよ』ならではの企画で盛り上がりました！

TAKERU SATOH

Date: **10/30/2019**

Subject: 『スッキリ』生出演

本日、白石和彌監督と
日本テレビ『スッキリ』(日本テレビ系) に生出演しました!
朝から見てくださった皆様、ありがとうございました!

撮影現場のトークに加え、
健だけが知る白石監督の意外な素顔など
『スッキリ』だけの暴露があり、
『ひとよ』についてたっぷりと語りました!
生放送登場直前、
白石監督とのツーショットです♪

Date: **11/01/2019**

Subject: **15th Anniversary SUPER HANDSOME COLLECTION『JUMP↑』参加!**

ハンサム15周年を記念したアルバム内、
新曲「春の花」への参加が解禁されました!

WEAVER杉本雄治さん作曲×植原卓也さん作詞で、
今までのハンサムから現在のハンサムへの継承や、
ファンの方々への愛が込められた
大切な一曲に参加させて頂きました。

健もレコーディングの際に、
「卓也の歌詞で、ハンサムの思い出が鮮明に思い出せる。
ハンサムは僕にとっての青春」と話していました。

写真は、レコーディング時のオフショットです♪

TAKERU SATOH

PASS AREA GUIDE

|

MOVIE

|

TV

|

TAKETELE

|

OTHER

|

INTERVIEW

|

Date: **11/03/2019**

Subject: 『おしゃれイズム』

NTV系『おしゃれイズム』(日本テレビ系)
ご覧いただけましたか?!

お祖母様からのサプライズ電話に
かなり驚いた様子の健でした (笑)
『ひとよ』はもちろん、健の出演作は全て観ていらっしゃる
孫想いのお祖母様の愛を感じました。

そして、藤木直人さんと秋の味覚を求めにロケへ。
秋刀魚や松茸など健自らも調理しながら
秋ならではのご馳走を満喫しました!

藤木さんオリジナルデザインのルービックキューブをいただき、
ロケ終わりにツーショット。

TAKERU SATOH

Date: **11/20/2019**

Subject: 「年末ジャンボ宝くじ」発売記念イベント

本日、健が
「年末ジャンボ宝くじ」「年末ジャンボミニ」
発売記念イベントに笑福亭鶴瓶さん、
西野七瀬さんと共に出席しました!

イベントでは、"年末"ということで
今年1年間を表す漢字一文字を発表しました。

健は、何を書くかと思いきや……予想外の「黒」!

理由を聞かれると、
「1年間で360日は黒い服を着ていた」と
なんと普段着の黒の多さをエピソードとして語っていました。笑

また、10億円にちなんだクイズが出題され、健は何と全問正解!
賞品として年末ジャンボをGETしました!

皆様も健と一緒に、
年末ジャンボ宝くじでワクワク・ドキドキを楽しみませんか?

TAKERU SATOH

Date: **12/24/2019**

Subject: 『義母と娘のブルース
2020年謹賀新年スペシャル』制作発表会見

12月21日、『義母と娘のブルース 2020年謹賀新年スペシャル』（TBS系）
制作発表会見に出席しました！
綾瀬はるかさん、上白石萌歌さん、井之脇海さん、竹野内豊さんと共に、
新年にちなんで晴れやかな着物での登場となりました！

会見では撮影現場でのエピソードを聞かれ、
健は同じシーンが多かった赤ちゃんとの撮影裏話を。
泣き出してしまう赤ちゃんに対して、
「何故か、反町隆史さんの『POISON』を聞くと泣きやむんです」と
話すと、列席している出演者が一斉に全力で頷き、
笑いを誘うシーンも。
音楽をかけながらの撮影は珍しく、
実は健は心の中でテンションが上がっていたそうです。（笑）
ドラマの撮影を通して、
改めて世の中のお母さん達の凄さを感じたと語っていました。

放送は1月2日（水）よる9時から！
ご家族でこたつに入りながら……
健のエピソードを思い出しながら……
帰ってきた"ぎぼむす"を是非お見逃しなく!!

TAKERU SATOH

Date: **12/24/2019**

Subject: Merry Christmas！

クリスマスイヴも、

『恋はつづくよどこまでも』（TBS系）撮影でした！

現場に、天堂先生サンタが！

TAKERU SATOH

Date: **01/01/2020**

Subject: 明けましておめでとうございます！

明けましておめでとうございます！
本年もどうぞよろしくお願い致します！

元日から健が出演しました、
『関口宏の東京フレンドパーク元日SP』（TBS系）
そしてNHK総合『東京ミラクル 第4集
「老舗ワンダーランド 佐藤健・物々交換の旅」』は
ご覧いただけましたでしょうか？！

フレンドパークでは、健は
1月期火曜ドラマ『恋はつづくよどこまでも』（TBS系）を代表して出演し
ましたが、なんと健は今回で8回目の出場となり、
その出場回数は歴代第3位！

フレンドパークへの愛と、経験値の多さから
"Mr.フレンドパーク"と命名された健。
様々なゲームで、健なりの攻略法で活躍を見せ、
見事ドラマチームが優勝しました！

ですが健は恒例のダーツで景品をゲットできず……
収録後、悔しさをかなり引きずっている様子でした（笑）

TAKERU SATOH

そしてNHK総合『東京ミラクル 第4集
「老舗ワンダーランド 佐藤健・物々交換の旅」』では、
浅草をスタートし100年以上続く老舗企業を人力車でまわりました。
あまり普段知ることのできない伝統的な技術や
お店の方々の思いを知り、とても素敵な物々交換の旅となりました！

写真は、『関口宏の東京フレンドパーク元日SP』にて、
ウォールクラッシュの直前の健を激写しました！

Date: **01/03/2020**

Subject: 『義母と娘のブルース
2020年謹賀新年スペシャル』

『義母と娘のブルース 2020年謹賀新年スペシャル』（TBS系）＆
パラビオリジナルストーリーはご覧いただけましたでしょうか？！

帰ってきたぎぼむすファミリーならではのドタバタ劇、
ほっこりしながら楽しめていただけたのではないでしょうか？！

赤ちゃんをあやす麦田、
亜希子さんへの想いを募らせる麦田、
替え歌を歌う麦田、そしてヌード麦田……と
色々な表情の麦田が登場しました！

そして、パラビ限定のオリジナルストーリー。
ソーダちゃんに翻弄される麦田はいかがでしたか？（笑）

いつかまた、ぎぼむすファミリーに会えますように……

TAKERU SATOH

Date: **01/11/2020**

Subject: 『恋はつづくよどこまでも』
プレミアム試写会舞台挨拶

先日、『恋はつづくよどこまでも』
プレミアム試写会舞台挨拶が行われました。

MCの方からドSの天堂先生との共通点を聞かれ、
健が「普段、温厚なので全然違いますね」と答えたところ、
共演者の方々からの猛烈ツッコミが！（笑）
撮影現場ではカメラの前ではなくても
少しドSな部分があると暴露され、笑いを呼び盛り上がりました！

そして、劇場には現役の看護師の方や
いま看護師を目指している看護学生の方々もお迎えし、
ドラマを鑑賞していただきました。
キャストから病院あるあるが飛び交い、
看護師の方々が強くうなずくというやり取りが印象的でした！

写真は、登壇中の天堂先生と、
登壇後にチームアミューズで撮影したオフショットです♪

TAKERU SATOH

Date: **03/14/2020**

Subject: **HAPPY WHITE DAY！**

ハッピーホワイトデー！

ということで、本日は皆様に、

リボンで着飾った天堂先生をプレゼント。

撮影の合間の何気ない時間で出来た、七瀬作リボンマフラー。

本編では見られない、天堂先生のギャップ萌えショットです！（笑）

そんな恋つづも、来週火曜日はいよいよ最終回！

2人は、どんなクライマックスを迎えるのか……

是非ぜひチェックしてくださいね！

TAKERU SATOH

Date: **03/18/2020**

Subject: 恋つづ放送終了&公式YouTube開設！

火曜連続ドラマ『恋はつづくよどこまでも』（TBS系）

全話放送終了いたしました！

観ていただき応援してくださった皆様、

ありがとうございました！

健演じる天堂先生に、

キュンキュンしていただけましたか？？

そして！　本日解禁になりました。

佐藤健公式YouTube開設！

健にとって初めての試みになるYouTubeですが、

第1回の配信では、

上白石萌音さんがゲストで来てくださいます！

"恋つづロス"の皆様必見の企画を

多数ご用意しておりますので、

是非チャンネル登録をしてお待ち下さいね！

Date: **03/22/2020**

Subject: **31st BIRTHDAY!!**

先日は、YouTube初配信『たけてれ vol.68』
ご覧いただいた皆様、ありがとうございました!
恋つづで共演させて頂いた上白石萌音さんをゲストに、
恋つづをテーマでたけてれ調査隊や英文対決、
そして赤ペン瀧川さんによる佐藤健プレイバックと、
企画たっぷりでお届けしました!♪
萌音さんとの英文対決では、
かなり悔しがっていましたね(笑)。
椿本さん不在で、ちょっぴり寂しくもありましたが、
いつものゆったりな雰囲気は変わらず
お送りした『たけてれ vol.68』でした。
今後も皆様に楽しんでいただけるような
動画を企画しておりますので、
ぜひ楽しみにしていてくださいね♪
そして! 31歳になった健も、
ぜひ応援よろしくお願いいたします!!

Date: **07/09/2020**

Subject: 「MEN'S NON-NO」8月号

本日、健が表紙・巻頭を担当させて頂きました
「MEN'S NON-NO」8月号が発売となります!

プロのカメラマンの後ろで、
スタッフも撮影してみました。
(いかがでしょう……)

当日は天気も良く、
久々の雑誌撮影の現場でとても楽しそうでした!

YouTubeでもメイキング動画を配信中ですので、
是非ご覧くださいね!

TAKERU SATOH

Date: **10/29/2020**

Subject: 「東京ドラマアウォード 2020」

ドラマ『恋はつづくよどこまでも』天堂浬役で
「東京ドラマアウォード2020」助演男優賞を頂きました!

改めまして、天堂先生、
そして恋つづを愛してくださった皆様、
ありがとうございました!

トロフィー授与式後の健と、
同じく本日参加されていた大泉洋さんとの2ショットを。

本日の舞台裏の様子をメイキングカメラで撮影しましたので、
その動画はまた後日……

是非楽しみにしていてください!

Date: **11/13/2020**

Subject: ポケモンカードゲーム CM「真剣勝負」篇 出演

ポケモンカードゲームの新CM
「真剣勝負」篇に健が出演しております!

普段よりポケモンカードゲームのプレイヤーでもある健が、
CM内で松丸亮吾さんと本気でバトルしています!

撮影中も、台本なしで計4回ガチ対戦しました……!(笑)
真剣勝負だからこそ、駆け引きや一喜一憂している
バトル中の表情を是非お楽しみください!

Date: **11/17/2020**

Subject: ## NO PLAN CALENDAR PROJECT

「NO PLAN CALENDAR PROJECT Vol.2」が
公式YouTubeチャンネルで本日アップされました!

もうご覧いただけましたか!? (^^)

プレミア公開でコメントしながら
楽しんでくださった皆様ありがとうございました!

まだ見られてない方も……
神木カメラマンと桜田メイキングカメラマンにしか
撮ることが出来ない写真と動画になってます。
YouTubeはもちろん、是非カレンダーもゲットして欲しいです!

スタッフもこっそりオフショットを撮っていたので、
こちらに載せておきます。

来週もカレンダーメイキング続編を公開予定です、お楽しみに!

TAKERU SATOH

Date: **12/03/2020**

Subject:
Act Against Anything VOL.1
「THE VARIETY 27」

12月1日
Act Against Anything VOL.1「THE VARIETY 27」を
ご覧いただいた皆さま、
応援頂いた皆さま、ありがとうございました!

チーム・ハンサム! for AAAの一員として、
「Feel The Same」「春の花」「DEAR MY GIRL」の
3曲を披露しました。

ハンサムの楽曲をステージで披露するのは約8年ぶり。
健含め、メンバーみんなで演出を話し合い、
準備を重ねてきました。
そんな想いが少しでも伝わり、
そして楽しんでいただけていたら幸いです。

またこうして皆様に見ていただける日がきますように!

温かい応援をいただきまして、
本当にありがとうございました。

TAKERU SATOH

Date: **12/26/2020**

Subject: 『VS嵐 最終回4時間生放送SP』

『VS嵐 最終回4時間生放送SP』
ご覧いただきありがとうございました!

最終回という大切な回に、
豪華な皆様と「BABA嵐」に再び参戦しました。

途中、表情に出ていた部分がありましたが(笑)、
無事勝利し決勝戦を免れました。
(スタッフ的には、是非とも負けて
決勝戦に行ってほしかったというのが本音ですが……笑)

吉沢亮さんと収録終わりにツーショット♪

TAKERU SATOH

Date: **02/24/2021**

Subject: **QuizKnock さんコラボ動画**

QuizKnockさんとのコラボYouTube動画、
皆様ご覧いただけましたでしょうか?!

タンブルウィードさんが健のために
オリジナルで作成してくださった
「アンサーキューブ (前編・後編)」、
そしてある法則を使って謎を解く「セブンスアンサー」、
本日公開になったふくらPさんとの謎解き動画と
計4本コラボさせて頂きました!

念願の早押しボタンにかなりテンションが上がっていて、
カメラが回っていないところでも、
無意味に押して楽しんでいました (笑)

2021年も、着々と「謎解きYouTuber」の道を
極めていくことになりそうです!笑

TAKERU SATOH

Date: **03/25/2021**

Subject: 映画『るろうに剣心 The Final ／ The Beginning』
Global Fan Session

映画『るろうに剣心The Final ／ The Beginning』
Global Fan Sessionを
ご視聴いただいた皆様、ありがとうございました!
世界中から『るろうに剣心』への愛が届き、
とても温かい、素敵なイベントになりました。
そして、最後に降壇した健を裏
キャスト・スタッフの皆様が出迎えてくださり、
サプライズでお誕生日のお祝いが!

『るろうに剣心』最終章。
それぞれ、
The Finalは4月23日
The Beginningは6月4日
公開です!

是非楽しみにお待ちください!

TAKERU SATOH

BACK STAGE
PASS

Special
Interview

TAKERU SATOH

Subject: 佐藤健 スペシャルインタビュー

——10年にもおよぶスタッフレポートが1冊の本になりました。それを聞いた時の感想は？

「そうなのか、と。当然、レポートの存在は知っていたけど、なんかやっているなぁくらいで。仕事をしていると『スタレポ用に写真1枚お願いします！』と言われる時があって、この世にそういうものがあるのねって」

——意識し始めたのはいつ頃からですか？

「それは最初から、すぐに認識していたと思います。10年の間にマネージャーさんも代わって、毎回写真を撮る人とそうでない人の個性が出ていましたね。全体の8割くらいは目を通していると思うけど……これ、ニーズありますか（笑）？　見たいのかなぁ、ほんとに。書籍化されると聞いて、最初に思ったのはそこです」

——違う視点から見たもうひとつの10年。貴重だと思います。気恥ずかしさはないですか？

「あまりにも内容を憶えていないので、恥ずかしいのかどうかすら、わかっていない状況です。把握できていない。これについて思考をめぐらせたことがないから、そう言われると少し怖いですね。バックステージだし、自分がコントロールしていない写真なので、私服ももちろん撮っているし、当時のマネージャーさん次第」

——「舞台裏」がテーマの1冊ですが、裏でのルーティンはありますか？

TAKERU SATOH

「あると思います?　願掛けとか、そういうことをしなさそうでしょう(笑)?」

——お芝居の本番直前とか、あるかもなぁと。

「例えば『るろうに剣心』の時は、メイクしてからストレッチしてとかありましたけど、基本的には何もしていない気がします。スイッチを入れたりモードを変えたりという決まった行動はないんですよね。必ずこれを飲むとか

もないし」

——周りから「いつもそうしてるね」と言われることもないですか?

「ほんと、ないんだよなぁ。それで言うと、いかに寝るか。寝たまま現場へ来てメイクをしてもらい、やっと起きたところでカメラがまわっている。だから、バックステージでは寝ているのかもしれない」

——寝たまま動いていると。

「そう。『お疲れ様でした!』で、起きる時もあります。この感覚、役者さんは共感してくれる人が多いと思う。そこから目が覚めるんですよねぇ、不思議」

——仕事が終わった喜びのような気もしますが(笑)。

「そんなふうに意識すらしていない感じです」

——健さんは、よくくちびるを舐めていませんか?

「癖として、よく指摘されますね。心理的にどうこうではなく、シンプルくちびる乾燥。なんでこんなに乾きやすいのか、悩みでもあります」

——舞台裏ルーティンはなさそうですが、寝ていない時は何を?

「漫画読んだり動画見たり、ゲームしたりもあるかな。20代前半の頃はとにかく忙しくて、今のうちに寝ておこうと過ごしていたけど、今は忙しさがずっと続いている訳ではないから、起きて何かをしている時も増えたかもしれないです」

——台本を読み返したりはしませんか?

「シーンによってはありますけど、ほぼほぼないです。手に取るとしても確認くらいで。最近多いのは、やっぱり謎解き」

——途中で「本番です!」と呼ばれたら落ち着かなそうですが。

TAKERU SATOH

「大丈夫、そこは慣れています」

——寝ない場合は、舞台裏でも頭を使っていたいんですか？

「確かに、謎解き以上に頭を使うことはない。大人になってから頭をフル回転させている人って少ないと思うんですよ。僕の仕事だって、そこまで使う機会は多くない。もともと思考するのが好きなんでしょうね」

——例えば舞台挨拶などのイベント前でもスタンスは変わらず?

「そういう時のほうがギリギリまでコメントを考えていたりしますね。前もって、ができなくて。宿題はギリギリ提出タイプ。『それでは佐藤健さんです』と呼ばれて舞台上を歩いていく時も"コメントどうしようかなぁ"と」

——瞬発力が凄いですね。

「いや、だからまとまりのないコメントになってしまう時もあります」

——改めて、健さんにとって"表""裏"とは?

「表と裏やオンとオフという境界線思考はないに等しいです。表と裏があまり違わないようにいたいと思っています。俳優という仕事をしているからなのか、本当に芝居している時以外は演じたくないんですよね。僕の持論になってしまうかもしれないけど、お笑い芸人やタレントの方々は、バラエティ番組の中である意味演じることが仕事じゃないですか。ああいうふうにスイッチの切り替えはできないです。役者には役柄というものがあり、そこに向けて役作りをして、時間をかけて向き合い入り込んで演じることが本筋だから、バラエティ要素の強いリアクションとかはできなくはないけど中途半端な気がしてしまう。そこはプロに任せて、役柄に入っていない時はナチュラルでいたいと思っているんです」

——自分自身を演じずに。

「どうせ演じるなら、ちゃんと演じたいですね。バラエティでオーバーリアクションしたりは、なんか苦手で」

——素の自分を見せたくない俳優さんもいますが。

「その考えは、僕にはないです。もちろん友達といる時の自分とは違うけど、誰にでも色々な場における"素"の種類があって、そういう意味ではその

TAKERU SATOH

番組における佐藤健の素であることは間違いない」

——以前は「ダサいところは見せたくない」とも言っていました。

「ずっと言っていますが、僕は何事も0か100でいたい人間。見せないなら何も見せないがいいんですけど、映画や連ドラをやっていて、舞台挨拶も番宣も出ませんという訳にはいかない。それが成り立つ俳優さんは謎に包まれていてかっこいいと思うけど、僕の場合は難しい。その時点でゼロプランニングは無理な訳です。ならば、見せようと思いました。そのほうが誤解も生まれないし、素の部分が好きだと言う人もいるので、ニーズにも応えられるから」

——マイナス要素が見えてしまっても?

「結果的に見えてしまって"あちゃー"となればいいと思います。"ダサいところも全て見せます"というスタンスではなく、基本的にはしっかりしたところを見せたいけど出てしまった。それに対して"全然いいですよ"ではなく、"あちゃー出ちゃったかぁ"と。開き直りたくはない」

——その「あちゃー」が人間味になりますし。

「そうそう。でも、最初からそこを取りにいくのは好きじゃない」

——「あちゃー」エピソードはありますか?

「よくあるのは、衣裳に着替えてから水を飲む時になぜかこぼれる。ペットボトルと自分の口との距離感がわからんのです。水がどばーって」

——以前も聞いた気がしますが、まだ克服できていない（笑）。

「今もなんですよね、こぼれるの。距離感をはかるのが不得意」

——ほかには?

「基本的には、自分に事故が起きないように注意して生きているからなぁ。

BACK STAGE PASS

友達と『気をつけろよ』みたいな話になった時、『そうは言ってもわからないじゃん』って言われたから、『そうじゃない。事故をすべて突発的なアクシデントだと思うな。そう思って生きているだけで事故に遭わないかもしれないだろう?』と」

——健さんはそう思って生きていると。

「そうです」

——忙しいですよね、思考が。

「なんかもう、侍みたいなもん(笑)?　力抜いて歩いているけど、五感はめちゃくちゃ研ぎ澄まされています」

——剣心みたいですね。さすがに寝ていたら難しそうですけど。

「いや、寝ていても研ぎ澄まされている。僕が寝ているところに近づいてごらん、30センチくらいのところで起きるから(笑)。気配をむちゃくちゃ察しているんです」

——(笑)。だとしたら、無防備なのは自宅くらいですね。

「うーん。例えば、自宅のトイレの便座があるじゃないですか。蓋が閉まっているでしょ。開ける時に、一応その瞬間ヘビがわーって噛みついてきたら避けられるように、想定しながら開けるようにはしています」

——ええっ!?

「小学校の時にそういう映像を見たことがあって。それ以降、一応その可能性をね」

——可能性、ないでしょう。

「結果的に今のところは。でも、万が一の場合を考えて。出てくるかもしれないじゃない」

TAKERU SATOH

——虫とかじゃなく、ヘビ……。

「ヘビは、噛まれたら死ぬ可能性があるでしょう。命に関わるかどうかが判断基準。だからまぁ、あまり蓋を閉じないようにはしています」

——そのために?

「うん(笑)。あと、ドアを開ける時って、みなさん外側への想像力がなさすぎです。ガチャッと開けて、人にぶつかることとかありますよね。最初からそれを想定しておけば、ゆっくり開けるでしょう? ホテルとか玄関のドアは、僕はゆっくり開けます。逆も然りで、ドアの前にはなるべく立たないようにするし、立つ場合はそれを想定しておきます」

——凄いですね。そんな健さんが事故に遭ったなんてニュースをもし聞いたら……。

「むちゃくちゃ面白いよね(爆笑)。こんな僕が事故に遭って運ばれたとか、いったいどんな状況!? って」

——とうとうヘビに。

「あり得るかもよー(笑)。だから、ハプニングとかどっきり系のバラエティで、故意にではなく頭をぶつけるとかあるじゃないですか。ああいうの、あまり笑えないんです」

——人混みの中とか大変そうですね。

「男子あるあるだと思うんだけど、授業中とかに"もし今ここに殺人鬼が現れたら"ってシミュレーションしていた。"僕はまずこう動いてあいつの死角に入り、みんなを助けよう"とか考えていた。そのシミュレーションが活きたことはないけど、今でもその延長線なのかも」

——「しまった!」はないんですか?

PASS AREA GUIDE | MOVIE | TV | TAKETELE | OTHER | INTERVIEW

TAKERU SATOH

「まったくない訳ではないけど、たぶん人よりは少ない」

──危機管理能力ですね。

「だから、剣心を無事に撮り終えられたのかもしれないです。いつケガしてもおかしくない状況もありましたから。撮影を止めてしまうのが嫌で、色々考えてその可能性を下げていた気はします」

──例えば車の運転でも注意力が高そうです。

「いきなり子供が出てくるかもしれない、隣の車のドアが開くかもしれないって教習所で習うでしょう？　様々な可能性を想定して運転しなさいって。運転中に限ったことではないよねって話」

──舞台裏に話を戻しますが、バックステージを見て驚いたことはありますか？

「友達が出演するフェスに行って、裏側を見せてもらった時かな。アーティストの方々はここでこういうごはん食べているんだ、本番前には色んな過ごし方があるんだな、とか。あとは紅白歌合戦。なるほど、と思った」

──インパクトが大きかったことは？

「なんだろうな、そこまで思い浮かばない」

──そもそも目にしたことに対してそこまで驚いたりしない？

「確かに。びっくりすることが少ないとは思います。日常生活でもレストランで食事が出てきた時に『ひゃー！』ってなっている人は多いけど、何事にも『おおっ』くらい」

──リアクションは薄いほう。

「だって、『えええっ!?』となること、そんなになくないですか？　どう生きていたらそうなるの？」

―― (笑)。人は小さいことでもわりとびっくりする気がしていたのですが。

「あ、神木（隆之介）はよく大きなリアクションをしています。あれはガチなのかどうか、興味深い。『え？　マジ？　やっべ!』とよくなっているから、不思議」

――2021年を振り返って、驚きはありましたか？　多岐にわたるお仕事ぶりが印象的です。

「色々な意味で転機の年にはなりました。『るろうに剣心』が公開できたこともそうだし、事務所も独立して、次のステージへ向かっている感覚はあります」

――『るろうに剣心』を届けられた実感が。

「実感というか、区切りですね。しっかり届けるまでが責任だと思うので、肩の荷はおりました。体感的にはもう2〜3年前のような気もするんですけど」

――今年（2021年）の公開なのに。

「きっと剣心について思考する時間が終わって、気持ちが次に向いたんだと思います。僕らの仕事って、未来への準備のために動くじゃないですか。それも大きいと思います」

――『竜とそばかすの姫』は？

「実際は2ヵ月前くらいの公開だけど、体感的には10ヵ月前くらいのこと。本当に振り返らない人間なので、体感がそうなってくるのかもしれない」

――洋服ブランド『A』、YouTube、ラジオドラマ、謎解き番組もあります。

「やりたくないことはやっていないです。洋服は自分が着たい服を作っているし、YouTubeはいわゆるユーチューバー的なアプローチではなく、謎解

TAKERU SATOH

きやノブさんと蟹を食べに行ったりなど、プライベートでもどうせやるだろうことを映している感覚。あとはほかの何かをする時にYouTubeがあったらもったいなくないよね、というか」

──各々の未来も考えているんですか?

「それなりには。謎解きはね、今後はより白熱化していきます。戦場と化します」

──そういえば、謎解き番組の時は驚く姿を結構見かけるような。

「正直に言うと、普段のガチな時はもっとクールなんです。どういうことかと言うと、番組には謎解きの楽しさを世の中に広めるという使命を背負って臨んでいて。そのためのアピールなんですよね」

──普段は違うんですか。

「もうね、鬼神と化しています。凄いんだから、集中力とか目とか。笑っている余裕なんて全然なくて、そうでないと失敗するし、それでも失敗します。オリンピックの日本代表くらいの熱量で、僕たちはテーブルを囲んでいるんです」

──佐藤健という存在は「謎解き前後」で随分と変わりましたね。

「ほんとに。言ってみるもんだなぁと思いました。自粛期間とか、謎解きがあったからオンラインで人と繋がれて楽しく過ごせました。救っているんですよね、人を。やっぱり人を楽しませるためのエンターテインメントだから、ドラマや映画、料理、小説とかとも共通する要素があって。そういう意味では、謎解きに本気で関わることで、本業にもいい作用があることは確かなんです。お客さんとして参加することで、ここでこういう気持ちになるんだ、これはストレスに感じるんだって学べるし、インスピレーションも

生まれます。努力や勉強とは違う趣味としてそういう時間を持てることは、幸せなこと。もう少し広まってほしいですけど」

——その心は?

「まだ本当の面白さは浸透していないから。伏線回収、どんでん返し、あとはそれこそ驚き。普段生きているとそんなに驚くことがない僕も、眠っていた物凄い仕掛けに気付くとさすがにびっくりします。楽しいです。大きなエンタメですよね」

——本業での未来、願望については、最近言及している「日本の作品を世界に」ですか?

「そうです。それはやっぱり大きな目標」

——逆算して考えていたり?

「もちろん。やることも見えているので」

——どのくらいかかりそうですか?

「いやぁ、30代でできたら凄いラッキーっていうくらい、長いスパンです。簡単な話ではないので。自分なりの答えはあるから、30代のうちにある程度成すことがまずは大きな目標ですね」

——目標を持って動き出す健さんが新鮮です。

「ほんとですよね。自分でも凄く新鮮です。今まではあまりなかった」

——お芝居は今も楽しめていますか?

「楽しい日もあれば楽しくない日もあります。10代の頃とか無条件で楽しかった。ただの公立高校に通う高校生活もエンジョイできていないような少年は、東京に行くだけでもわくわくして、そんな中でこの世界に入り今まで会ったことのないキラキラした人達を目の当たりにした。なんです

かこの人達は、カーディガンというものを着ているぞ。なんだこれは、むちゃくちゃおしゃれじゃないか。そういう人達とカメラの前で初めてのお芝居をする日々。エキサイティングだしフレッシュだし、毎日楽しくない訳がない。そんな少年だった僕が、今では男も女もカーディガン着とけって言いながら作っているんだからねぇ（笑）。みんな当然知っているかのように言うけど、僕は高校の頃カーディガンという名前を知らなかったんです。見たことはあったけど、口に出したことはなくて」

―― （笑）。どんな仕事も続けていくうちに刺激や驚きは減少します。

「そう。人はやっぱり新鮮なものに興奮するんです。何事も慣れることは仕方のないことなので、アグレッシブに追い求めていくしかない。謎解きだって、最初の頃に比べたら色々知ってしまい同じように楽しめているかと聞かれたら疑問はあるけど、それでもまだ知らないものに出会えているから楽しい。お芝居も一緒だと思います」

――科学には興味はない？

「当然あります。ただ、本物の天才が24時間そのことについて考えている現実があるじゃないですか。だから、大きな発見を待ちたい。お任せするので、驚かせてほしいです」

――最後に、健さんにとって「時代」とは？

「面白いですよね、時代。興味深い。ビジネスをするなら時代を捉える力、先読みする力、必要です。でも、僕は根本的には時代とは関係ないところ、本質的なところで生きていたいと思う人」

――意外に難しくないですか？

「時代で流行っているものを絶対にやりたくない訳ではないけど、インスタ

やツイッター、クラブハウス、TikTokとか、流行っているからできなかったりします。興味はあるんですけどね。今こういうことに人々が熱狂しているという現象は、とても面白く感じます」

──取り入れたりはしない。

「ビジネスとして必要ならもちろん取り入れますけど、それと自分の生き方は別。ただ、面白いと感じたらやる可能性はあります。時代や流行が指針ではないというか」

──そういう人だというのがわかるから、佐藤健というエンターテイナーには信頼感が持てます。

「確かに時代によってあれこれ変わる人だと、少し信ぴょう性は薄れるかもしれません。僕は本質的なものが国籍や時代をも凌駕する普遍性だと思っていて。きっと10年後、20年後に『ドラゴンボール』を観ても面白いはずです」

──知っておくのはいいけど、流されない。

「そうですね。実際、流行りものに興味を持つことは少ないし、トレンドとされているものがなかなか自分には刺さらない」

──ここから先10年のスタッフレポートがもしあったら、佐藤健の更なる本質が垣間見られそうで、願いたいところです。

「どうでしょうねぇ。でも、舞台裏を切り取られることに対しては、そんなに気にならないタイプなので、これからもちょいちょい機会はあるのかなと思います」

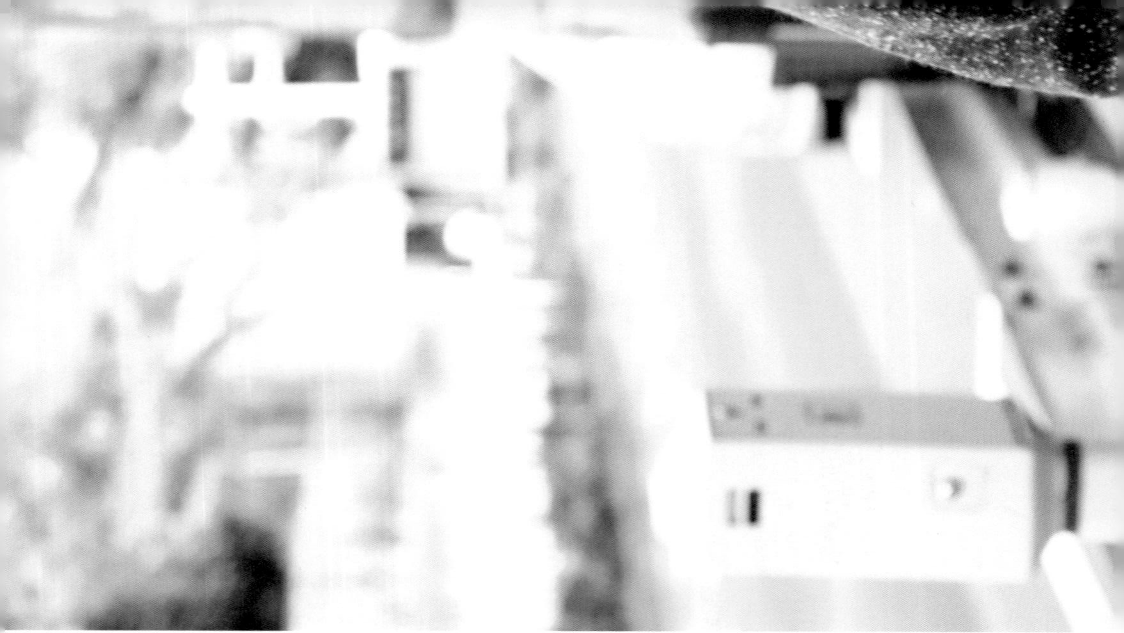